Geyer · Kredite aktiv verkaufen

Günther Geyer

Kredite aktiv verkaufen

Kunden erfolgreich gewinnen
und betreuen

2., vollständig überarbeitete Auflage

GABLER

Die Deutsche Bibliothek - CIP-Einheitsaufnahme

Geyer, Günther:
Kredite aktiv verkaufen : Kunden erfolgreich gewinnen und
betreuen / Günther Geyer. - 2., vollst. überarb. Aufl. -
Wiesbaden : Gabler, 1995
ISBN-13: 978-3-322-82891-0   e-ISBN-13: 978-3-322-82890-3
DOI: 10.1007/978-3-322-82890-3

1. Auflage 1990

Der Gabler Verlag ist ein Unternehmen der Bertelsmann Fachinformation.

© Betriebswirtschaftlicher Verlag Dr. Th. Gabler GmbH, Wiesbaden 1995
Softcover reprint of the hardcover 2nd edition 1995

Lektorat: Silke Strauß und Iris Mallmann

Das Werk einschließlich aller seiner Teile ist urheberrechtlich geschützt. Jede Verwertung außerhalb der engen Grenzen des Urheberrechtsgesetzes ist ohne Zustimmung des Verlags unzulässig und strafbar. Das gilt insbesondere für Vervielfältigungen, Übersetzungen, Mikroverfilmungen und die Einspeicherung und Verarbeitung in elektronischen Systemen.

Höchste inhaltliche und technische Qualität ist unser Ziel. Bei der Produktion und Verbreitung unserer Bücher wollen wir die Umwelt schonen: Dieses Buch ist auf säurefreiem und chlorarm gebleichtem Papier gedruckt. Die Einschweißfolie besteht aus Polyäthylen und damit aus organischen Grundstoffen, die weder bei der Herstellung noch bei der Verbrennung Schadstoffe freisetzen.

Die Wiedergabe von Gebrauchsnamen, Handelsnamen, Warenbezeichnungen usw. in diesem Werk berechtigt auch ohne besondere Kennzeichnung nicht zu der Annahme, daß solche Namen im Sinne der Warenzeichen- und Markenschutz-Gesetzgebung als frei zu betrachten wären und daher von jedermann benutzt werden dürften.

Satz: Satzstudio REschulz, Dreieich-Buchschlag

ISBN-13: 978-3-322-82891-0

Vorwort zur 2. Auflage

Jetzt liegt die 2. Auflage dieses Buches vor. Es ist noch immer so aktuell wie bei seinem ersten Erscheinen zu Beginn des Jahres 1990: Der systematische und aktive Verkauf von Finanzierungen ist keine Selbstverständlichkeit.

In dieser komplett überarbeiteten Auflage sind zwei wichtige Kapitel neu enthalten:

– Der Preis im Kreditgespräch
und
– Das gezielte Nachfassen

Mit beiden Themenbereichen wurde das Buch um sehr verkaufsorientierte Abschnitte erweitert. Der Preis und das Argumentieren rund um den Preis für Finanzierungen spielt eine immer wichtigere Rolle im Kreditgespräch. Zur Sicherung der Beratungsinvestitionen ist der Einsatz kunden- und verkaufsorientierter Nachfaßtechniken unabdingbar.

Das Buch „Kredite aktiv verkaufen" ist mit der Aktualisierung noch verkäuferischer geworden. Es wird Ihnen bei Ihrer Entwicklung zu mehr Verkaufsorientierung wertvolle Anregungen liefern.

Bensheim, April 1995　　　　　　　　　　　　　　GÜNTHER GEYER

Vorwort

Der aktive Verkauf von Passivleistungen ist für Kreditinstitute seit einiger Zeit selbstverständlich. Aktivleistungen aktiv zu verkaufen, ist für viele Bank- und Sparkassenmitarbeiter noch fremd. Das Wort „Kreditgewährung", das eine sehr reservierte Haltung zu Finanzierungskunden ausdrückt, ist immer noch allgegenwärtig.

Der Wettbewerb zwingt allerdings auch die Finanzierungsspezialisten von Kreditinstituten zum Umdenken und zu neuen Verhaltensweisen. Nicht nur konkurrierende Banken und Sparkassen brechen in angestammte Kreditmärkte ein. Immer mehr banknahe Anbieter brechen sich Stücke aus dem Finanzierungskuchen. Aktion statt Reaktion ist das dringliche Gebot der Stunde im Finanzierungsmarkt.

Dieses Buch gibt Ihnen einen umfassenden Überblick über Ihre gegenwärtigen und künftigen Chancen, Finanzierungsleistungen aktiv zu verkaufen. Es wendet sich an Finanzierungsspezialisten – Führungskräfte, Berater, Betreuer, Innen- und Außendienstmitarbeiter – sowie an universelle Bank- und Sparkassenmitarbeiter mit Haupt- oder Nebenaufgaben im Kreditgeschäft.

Nach Ausführungen zur Grundeinstellung erhalten Sie detaillierte Hinweise zur Kommunikation mit Kreditkunden; nach der Darstellung des systematischen Kreditgespräches werden die Formen des aktiven Kreditverkaufs ausführlich vorgestellt: die Intensivierung und die Extensivierung.

Ich danke meinen Teilnehmern an Führungs- und Verkaufstrainings, insbesondere den Finanzierungsspezialisten, für ihre Fragen, Hinweise und Anregungen zum aktiven Verkaufen von Krediten. Der Gedankenaustausch und die Diskussionen haben dieses Buch erst ermöglicht.

Lieber Leser, ich bitte Sie um Ihre Meinung. Teilen Sie mir Ihre Erfahrungen mit den Inhalten dieses Buches mit. Schreiben Sie an den Verlag oder an mich persönlich (Adresse: 64625 Bensheim, Narzissenweg 6).

Ich wünsche Ihnen viel Freude und Erfolg beim aktiven Verkaufen von Finanzierungen.

Bensheim, August 1989 GÜNTHER GEYER

Inhaltsverzeichnis

1.	Der Kreditverkäufer	3
1.1	Der Wandel im Kreditgewerbe: Neun überholte Themen	4
1.2	Die Einstellung zum Kreditkunden: Geschäftspartnerschaft	11
2.	Die Kommunikation mit Kreditkunden	21
2.1	Die Gesprächsstörer	22
2.2	Die Gesprächsförderer	24
2.3	Die Gesprächssteuerer	31
2.4	Die kundenorientierte Sprache	41
2.5	Die nichtsprachliche Kommunikation	45
3.	Das systematische Kreditgespräch	49
3.1	Vor dem Gespräch	49
3.2	Die Gesprächseröffnung	51
3.3	Die Bedarfsermittlung	53
3.4	Das kundenspezifische Angebot	56
3.4.1	Die Erläuterung des Angebots	57
3.4.2	Die Demonstration	59
3.4.3	Die Einwandbeantwortung	63
3.4.4	Der Preis im Kreditgespräch	74
3.5	Der Abschluß	83
3.5.1	Die Kaufsignale	83
3.5.2	Die Abschlußmethoden	86
3.5.3	Die Vorwandbeantwortung	93
3.5.4	Die Einkommensunterlagen und Sicherheiten	96
3.5.5	Der Nein-Verkauf	99
3.6	Die Kontaktsicherung	102
3.7	Nach dem Gespräch	105
4.	Die Formen des aktiven Kreditverkaufs	109
4.1	Die Intensivierung	109
4.1.1	Der Zusatzverkauf – Cross-Selling	110
4.1.2	Das Betreuungstelefonat	114
4.1.3	Der Verkauf an ehemalige Kunden	119
4.1.4	Der Verkauf an aktuelle Kunden anderer Abteilungen	121
4.1.5	Der Verkauf an aktuelle Kreditkunden	122
4.1.6	Das gezielte Nachfassen	123

4.2 Die Extensivierung: Die klassische Akquisition	125
4.2.1 Die Adressenbeschaffung	126
4.2.2 Die Kontaktaufnahme	130
4.2.3 Das Akquisitionstelefonat	134
4.2.4 Das Akquisitionsgespräch	146
4.2.5 Die Pflege potentieller Kreditkunden	155
Verzeichnis der Abbildungen	160
Literaturverzeichnis	161
Stichwortverzeichnis	163
Autor	167

Kapitel 1

Der Kreditverkäufer

In Kapitel 1 geht es vor allem um:

- Veraltete Formen des Verkaufsgesprächs zwischen Berater und Kunde
- Eine neue Einstellung zum Kreditkunden

1. Der Kreditverkäufer

Für die meisten Bank- und Sparkassenmitarbeiter gehören die Begriffe „Kreditverkauf" und „Kreditverkäufer" noch immer nicht zum normalen Sprachgebrauch. Kreditgeschäft und verkäuferische Verhaltensweisen widersprechen sich sowohl für Allround-Berater als auch für Kreditspezialisten. Daß diese Meinung nicht mehr ganz zeitgemäß ist, zeigt das schnelle und erfolgreiche Eindringen neuer Anbieter in klassische Domänen des Kreditgeschäfts. Versicherungen, Leasinggesellschaften und Handelshäuser weisen steigende Marktanteile bei den verschiedensten Kreditsparten aus. Makler, Kreditvermittler und vor allem eine Vielzahl von Strukturvertrieben greifen sich wachsende Anteile vom gesamten Finanzierungskuchen. Immer mehr wird deshalb von Kreditberatern und Kreditsachbearbeitern verkäuferisches Verhalten gewünscht und verstärkt das aktive Verkaufen von Krediten gefordert.

Gerade beim Vertrieb von Finanzierungen ist der Begriff des Verkaufens mit Sorgfalt zu verwenden. Im Gegensatz zu Markenartikeln im Handel, zu Angeboten der Industrie oder auch zu Spar- und Anlageangeboten der Kreditwirtschaft muß eine Besonderheit des Kreditgeschäfts beachtet werden: Mit dem Abschluß eines Kreditgeschäfts ist immer eine Kreditwürdigkeitsprüfung verbunden. Das aktive Verkaufen von Krediten hat diese Besonderheit zu berücksichtigen.

Dennoch ist der Begriff „Verkaufen" auch im Zusammenhang mit Kreditgeschäften sinnvoll. Die Kreditinstitute im deutschsprachigen Raum haben sich zu leistungsfähigen Dienstleistungsunternehmen bei weiter wachsendem Wettbewerb entwickelt. Der Verzicht auf Dienstleistungs- und Verkaufsorientierung im Kreditgeschäft würde

- einen Anachronismus innerhalb der Kreditinstitute darstellen,
- weiteren – auch branchenfremden – Wettbewerb anziehen,
- agilen Wettbewerbern Marktanteils- und Ertragschancen überlassen und
- die Service- und Leistungswünsche von Kreditkunden negieren.

Nur mit verkäuferischer Einstellung und aktiver Marktbearbeitung werden Banken und Sparkassen die Herausforderungen des Kreditgeschäfts der nächsten Jahre und Jahrzehnte meistern.

1.1 Der Wandel im Kreditgewerbe: Neun überholte Thesen

Beratungs- und Verkaufsgespräche mit Kreditkunden werden von den – oft längst nicht mehr zeitgemäßen – Einstellungen der Bank- und Sparkassenmitarbeiter geprägt. Besonders in Kreditabteilungen von Kreditinstituten haben sich wenig kunden- und marktorientierte Grundeinstellungen verfestigt: Die Aktivitäten drehen sich um das eigene Kreditinstitut, um die eigenen Leistungsangebote und um die eigene Tätigkeit. Es scheint oft, daß die Kunden eher stören, als daß sie Mittelpunkt aller Aktivitäten sind. Ein nach den neun überholten Thesen praktiziertes Kreditgeschäft be- und verhindert dauerhaft den Geschäftserfolg.

Die folgenden Ausführungen betreffen alle Sparten des Kreditgeschäfts. Die Begriffe Kredit und Finanzierung werden synonym verwendet. Die Beispiele stammen vor allem aus der Zusammenarbeit von Kreditinstituten mit den Zielgruppen Private, vermögende Private, Freiberufler sowie Gewerbe und Mittelstand aber auch Industrie. Das Bank- und das Kommunalkreditgeschäft werden eher vernachlässigt. In den folgenden Kapiteln dieses Buches werden den überholten Thesen dann positive Alternativen gegenübergestellt.

Veraltete These 1: Kredite werden gewährt

Immer noch „gewähren" Mitarbeiter von Kreditinstituten Kredite, immer noch steht der Begriff „Kreditgewährung" in Verträgen, immer noch findet sich der Begriff „Kreditgewährung" auf ständig verwendeten Formularen und in Mustertexten (Textverarbeitung) mit Pflichtcharakter. Dadurch wird immer noch das Verhalten gegenüber Kunden von der längst überholten „Gewährungs"-Einstellung bestimmt.

Deutlicher geht es für den Kunden nicht. Es wird ein einseitiges Geschäft vorgenommen; der Kunde muß froh sein, daß er einen Kredit „gewährt" erhält. Er ist der Bittsteller, das Kreditinstitut ist „gnädiglicher" Gewährer. Die vermeintliche Abhängigkeit des Kunden wird durch die Sprache dokumentiert. Als gäbe es keinen Wettbewerb, als müßten Banken und Sparkassen keine Kreditkunden akquirieren, als gäbe es kein nächstes Kreditinstitut schon um die Ecke, als befänden wir uns noch zu Beginn der sechziger Jahre dieses Jahrhunderts.

Erschreckend, daß vielen Bankmitarbeitern diese Begriffe schon nicht mehr auffallen, noch erschreckender, daß diese unglücklichen Begriffe auch noch verteidigt werden. Auch wenn ein Begriff wie „Kreditgewährung" inhaltlich nicht falsch ist, so ist er psychologisch mehr als unglücklich. Banken und Sparkassen sehen sich einer kritischen Öffentlichkeit gegenüber. Warum werden dann noch immer diese Reizbegriffe verwendet? Vielleicht ist es auch nur Gedankenlosigkeit? Vielleicht ist es auch nur, weil es immer schon so war?

Und dann wird noch durch ein weiteres kleines Wort die Innenorientierung verstärkt: Wir, wir und immer wieder wir taucht am Satzbeginn von Geschäftsbriefen auf. „Wir beziehen uns auf ...", „Wir bestätigen ...", „Wir bedanken uns ...", „Wir gewähren ..."

Klingen partnerschaftliche Begriffe wie „Kreditvertrag" oder „Kreditvereinbarung" kombiniert mit einem „Sie", „Ihnen" oder „Ihre" nicht zeitgemäßer und besser? – Die Gegenüberstellung ist mehr als nur ein Wortspiel. Worte prägen Einstellungen und Verhalten – insbesondere wenn sie sehr häufig und gedankenlos gesprochen sowie gehört werden. Gerade auch Führungskräfte im Kreditverkauf sollten sehr sensibel für die eigene Wortwahl und die ihrer Mitarbeiter sein. Eine positive, partnerschaftliche und kundenorientierte Begriffskultur überträgt sich auf den Verkaufserfolg.

Veraltete These 2: Bohrende Fragen sind selbstverständlich

Natürlich gehören Fragen zu jedem Kreditgespräch. Doch Frage ist nicht gleich Frage. Wie kommt es, daß Kunden auf einige Fragen sehr kurz, gar nicht oder falsch antworten? Es ist nicht immer die kühle Berechnung des Kunden. Oft sind es das Unverständnis des Kunden, die (vermeintliche) Neugierde des Bankmitarbeiters oder einfach die Ungeschicktheit in der Fragetechnik. Während Mitarbeiter von Zweigstellen oder Anlageberater intensiv in Gesprächs- und Argumentationstechniken trainiert werden, bilden Verkaufstrainings für Kreditspezialisten noch immer die rühmliche Ausnahme. Im Zweifelsfalle wird bevorzugt in die fachliche Weiterbildung investiert. Verkaufs- und Akquisitionstraining wird sehr oft als unwichtig angesehen. Woher sollen dann die Mitarbeiter im Kreditgeschäft ihre Kenntnisse in der Fragetechnik beziehen?

Und die andere Seite der Fragetechnik: Welcher Kunde beantwortet schon gerne Fragen nach dem Arbeitgeber, den Familienverhältnissen oder den regel- und unregelmäßigen Verpflichtungen sowie nach dem Einkommen? Wesentlich leichter fallen brauchbare Antworten nach offenen Aufforderungen und vor allem nach sorgfältigen Begründungen, die mit einem Nutzen für den Kunden verbunden sind: „Bitte schildern Sie mir Ihre derzeitige (wirtschaftliche) Situation, damit ich Ihren Kreditwunsch für Sie prüfen kann." oder „Um über Ihren Finanzierungswunsch zu entscheiden, benötige ich von Ihnen einige Informationen und Unterlagen: ...".

Nach solchen Aufforderungen und Fragen wird sich kaum ein Kunde widersetzen. Er erkennt den Sinn der Fragen und spürt das Interesse des Kreditberaters an seinem Finanzierungswunsch. Mit geringem Aufwand können so aus Ausfragern kundenorientierte Gesprächspartner werden.

Veraltete These 3: *Das Formular gibt die Fragen vor*

Natürlich verlocken die vielen griffbereiten Formulare wie Kreditantrag, Selbstauskunft oder Beratungsblätter und immer öfter auch Bildschirmmasken zum schnellen Einsatz: Das Kreditgespräch wird klar strukturiert, der Berater spart Zeit, zusätzliches Notizpapier entfällt und alle wichtigen Angaben werden vom Kunden gezielt erhoben. Natürlich unterstützen auch die Führungskräfte dieses Verhalten, weil vermeintlich mit diesen Formularen ökonomisch gearbeitet wird.

Doch wie kommt der „routinierte" Formulareinsatz beim einzelnen Kreditkunden an? Nicht eine individuell erbrachte Dienstleistung, das persönliche Gespräch und der einzigartige Kreditwunsch stehen im Mittelpunkt der Aktivitäten, sondern das Abfragen nach Formular („Schema 08/15") und das Eintragen in das Formular werden beobachtet. Der Kunde fühlt sich eher in einer öffentlichen Verwaltung, einer Amtsstube oder einer Behördenkammer, als in einem modernen und dynamischen Dienstleistungsunternehmen. Es entsteht ein steriles Fragespiel nach Formularvorgaben: Der Berater fragt amtsmäßig – der Kunde antwortet kurz und bündig. Ein tatsächliches Gespräch, ein Dialog zwischen Berater und Kunde, entsteht so nur selten.

Die Notwendigkeit von Formularen soll hier nicht bestritten werden. Doch der Formulareinsatz ist komplizierter als er auf den ersten Blick erscheint. Einige Verhaltensweisen zum Formulareinsatz haben sich bewährt:

- Nicht mit dem Formular das Gespräch beginnen
- Nicht für das Formular entschuldigen („Jetzt muß ich leider noch das ... ausfüllen")
- Das Formular zur Information des Kunden kurz bezeichnen („Ich fülle jetzt noch den Vertrag zu Gunsten Dritter für Sie aus")
- Das Formular scheibchenweise ausfüllen
- Die Formularfragen immer wieder individuell abwandeln (durch Namensnennung, Sie-Stil)
- Sammelfragen („Wo wohnen Sie?") statt Einzelfragen („Straße?", „Hausnummer?", „Postleitzahl?", „Ort?") stellen
- Kleinere Formulare den Kunden ausfüllen lassen
- Formular ‚Über Eck' zum Mitlesen ausfüllen
- Formular per Hand (möglichst nicht mit der Schreibmaschine) ausfüllen
- Beim Ausfüllen des Formulars schreiben und gleichzeitig sprechen

Veraltete These 4: Kredite sind Einmalgeschäfte

Viele Kreditberater sehen Kredite als Einmalgeschäfte. Dies mag für private Wohnungs- und Hausfinanzierungen zum großen Teil noch stimmen, aber für klassische Konsumentenkredite ist das sicher falsch. Gerade diese Kreditnehmer werden mit einer sehr großen Wahrscheinlichkeit künftig immer wieder zu Kreditnehmern. Die positive Einstellung dieser Kreditnehmer zum Nachsparen, also statt Sparraten vor dem Kauf eines eher langlebigen Konsumgutes Kreditraten nach dem Kauf, führt zu wiederholten Kreditaufnahmen. Gewerbliche Kunden gehören sicher auch zu den Personen, die wiederholt Kredite aufnehmen.

Ein Kreditkunde, der einen Kredit vereinbarungsgemäß zurückgeführt hat, stellt für jedes Kreditinstitut ein wertvolles Geschäftspotential für die Zukunft dar. Die positiven Erfahrungen können eine solide Grundlage für weitere Kreditvereinbarungen sein. Die Risiken bei einer erneuten Kreditaufnahme sind überschaubarer als bei Neukunden, die bisherigen persönlichen Beziehungen beschleunigen die Kreditbearbeitung, beide Partner kennen sich schon.

Für den Kreditkunden, besonders den Konsumentenkreditkunden, scheint es nicht ganz so selbstverständlich zu sein, weitere Kredite beim bisherigen Kreditgeber aufzunehmen. Besonders die konsumnahen Finanzierungsangebote der unterschiedlichsten Anbieter – Kaufhäuser, Autofinanzierer usw. – nehmen Banken und Sparkassen Marktanteile bei bisherigen Kunden ab.

Die vielen neuen Kreditangebote der letzten Jahre mit wiederholten Ausnutzungsmöglichkeiten von festen Kreditrahmen sprechen ebenfalls gegen Einmalkredite. Sie sind ein strategischer Weg, den Kreditkunden über längere Zeiträume an das eigene Institut zu binden. Die Pflege des gewachsenen Bestandes an guten Kreditnehmern ist eine solide Marktchance auch bei wachsendem Wettbewerb.

Veraltete These 5: Kreditkunden sind Kreditkunden

In vielen Kreditinstituten ist der Blick auf Kreditkunden noch immer sehr verengt: Kreditkunden werden als reine Kreditkunden angesehen. Kreditkunden sind schon oft in erster Linie Kreditkunden. Sicher sind sie aber noch mehr: Kunden im Zahlungsverkehr, Spar- und Anlagekunden (vermögenswirksame Leistungen), Schließfachkunden, Versicherungs- und Bausparkunden usw. Die alte Spartentrennung und die gleichzeitige Spezialisierung im Kreditgewerbe haben die Sicht vieler Bank- und Sparkassenmitarbeiter verengt. Sie übersehen aus Gewohnheit oder Bequemlichkeit oft die zusätzlichen Geschäftsmöglichkeiten mit ihren Kreditkunden.

Bankgeschäfte, die gedanklich nahe bei einer Finanzierung liegen (z. B. Risiko- oder Lebensversicherung; Kreditübernahmen von anderen Instituten), werden noch häufig angestrebt und abgeschlossen. Kreditentferntere Bankgeschäfte (Girokonto, Sparverträge, Wertpapiergeschäfte) werden gerne dem Zufall – und damit dem aktiveren Wettbewerb – überlassen. Da es nur wenige Kreditkunden gibt, die nur Kreditkunde sind, lohnt sich die Initiative zum Zusatzverkauf fast immer.

Gerade bei reinen Kreditspezialisten (Baufinanzierungsberater, Firmenkreditberater usw.) bietet sich die gezielte Überleitung zu Beraterkollegen mit anderen Tätigkeitsschwerpunkten (Auslands-, Wertpapier- oder Privatkundengeschäft) an. Diese Überleitung gilt es, sorgfältig mit den Kollegen abzustimmen. Zufällige Überleitungen sind besser als nichts, sie sind aber zahlenmäßig begrenzt. Erst mit klaren Überleitungsstrategien und -strukturen werden die Chancen über das Kreditgeschäft hinaus vollständig genutzt.

Veraltete These 6: Kredite werden über den Zins verkauft

Kreditberater lassen sich gerne durch weniger günstige Kreditzinsen ihres eigenen Instituts schnell entmutigen. Sie schieben ihre schlechteren Abschlußziffern (nur oder überwiegend) vorschnell den schlechten Konditionen zu. Dabei handelt es sich nicht immer um objektiv bessere oder schlechtere Konditionen – sehr oft ist die Vergleichsbasis ein Gerücht, oder es sind Kundenaussagen, die als Bluff im Konditionengespräch verwendet wurden.

Bestimmt sind der Zinssatz und andere Preiselemente aus Kundensicht wichtige Kriterien für eine Kreditentscheidung. Doch gerade bei der wirtschaftlichen Bedeutung von Kreditaufnahmen spielen auch eine Reihe weiterer Aspekte eine wichtige Rolle zur Entscheidung: die besonderen Erfahrungen eines Kreditinstitutes, die Beratungsqualität, die Betreuungsintensität und -qualität, die persönlichen Erfahrungen und Vertragskomponenten wie die Laufzeit, die Leistungsraten, die diversen Nebenbedingungen usw. Es ist sehr selten, daß Kreditinstitute größere Finanzierungsvolumina über besonders günstige Konditionen gewinnen. Der ‚konditionsempfindliche' neue Kunde wechselt meist ebenso schnell bei späteren Konditionsunterschieden zum nächsten ‚besseren' Anbieter.

Erfolgreiche Kreditberater von Banken und Sparkassen relativieren einen eher ungünstigen Zinssatz durch das positive Verkaufen von im Vergleich zur Konkurrenz günstigen Nebenbedingungen wie Schätzergebühren, Bereitstellungsprovisionen, Bearbeitungsgebühren, Zins- und Tilgungsverrechnung usw. sowie durch die individuelle Beratung (Auszahlungskurs, Kredit- und Tilgungsrate, steuerliche Hinweise, Finanzierungs- und Tilgungsvarianten) und den persönlichen Service (Beratung beim Kunden, persönliche Hilfen, Übernahme von Abstimmungen mit Immobilienverkäufern, Notaren, Grundbuchamt usw.) Der – oft nur optisch – günstige Zinssatz eines Mitbewerbers ist dann schnell aus dem Blickfeld des Kunden. Der Preis ist damit nur noch ein Teil – allerdings ein wichtiger! – eines Kreditangebotes.

Veraltete These 7: Wir verwalten Kreditfälle

Leider werden in vielen Kreditinstituten immer noch Kreditfälle von Kreditverwaltungsabteilungen verwaltet. So abwertend der Begriff „Fall" ist, so deutlich ist auch das Wort „verwalten". Von Fall wird üblicherweise bei der Polizei, in der Kriminalstatistik gesprochen. Persönliche, menschliche Aspekte gehen bei dieser sehr verbreiteten Wortwahl verloren. Der Kunde wird zu einer Nummer, einer Kreditnummer, die verwaltet wird.

Wer meint, daß das ja „nur" interne Bezeichnungen von Kreditinstituten sind, die der Kunde nicht hört, irrt. Das stimmt zwar auf den ersten Blick. Doch wie schnell sagt ein Bankmitarbeiter am Telefon zum Kunden „Ich verbinde Sie mit unserer Kreditverwaltung; Ihr Fall ist schon weitergeleitet." oder „Dafür ist die Kreditverwaltung zuständig." Der Kunde erfährt eindeutig die Einstellung: Nicht nur sein Kredit wird verwaltet, er muß auch erfahren, daß er bei seinem Kreditinstitut nur eine Nummer ist, die verwaltet wird.

Die alternative positive These lautet „Wir betreuen Finanzierungskunden". Die Begriffe „Kredit-/Finanzierungsabteilung" oder „Kredit-/Finanzierungsbetreuung" ersetzen die „Kreditverwaltung"; aus dem „Kreditfall" wird „Kredit" oder „Finanzierung" und wenn unbedingt nötig auch noch „Kredit-/Finanzierungskonto" oder „Kredit-/Finanzierungskontonummer".

Veraltete These 8: Kredite werden nicht aktiv verkauft

Diese These hat noch besonders viele Anhänger in Kredit(verwaltungs)abteilungen. Bank- und Sparkassenmitarbeiter unterstellen zu Unrecht, daß Kunden mit ihren Finanzierungswünschen sich schon bei ihrer Bank melden. Nicht wenige Kunden finden den Weg zur Bank viel zu spät. Sie haben sich zuvor für Händler- und Lieferantenfinanzierungen entschieden. Andere Kunden wechseln zu einer anderen Bank, zu den örtlichen oder regionalen Wettbewerbern, zu bundesweit operierenden Autofinanzierern, zu Spezialfinanzierern oder zu reinen Post- und Briefbanken. Ein weiterer Teil der Kunden entscheidet sich für Nichtbanken wie Leasinggesellschaften, Versicherungen oder Kaufhäuser. Und weitere Bank- und Sparkassenkunden werden an Vermittler und Strukturvertriebe – zum Teil inzwischen Banktöchter! – verloren; zwei Gruppen von außergewöhnlich aktiven Verkäufern mit allen Vor- und Nachteilen.

Aktives Verkaufen beginnt immer bei der eigenen Kundschaft: Anbieten von Dispositionskrediten, kontinuierliche Betreuung von Kreditkunden, aktives Anbieten von erneuten Krediten („Halbzeit"-Aktionen) und erstmaliges Anbieten von Krediten an Nichtkreditkunden (Kunden anderer Abteilungen) wie die Finanzierung von Wertpapierkäufen. Aktives Verkaufen von Krediten muß so selbstverständlich wie das aktive Verkaufen von Kapitalanlagen oder Sparverträgen sein. Für den Kunden bedeutet das keineswegs Aufdringlichkeit und Hochdruckverkauf, sondern persönliche Wertschätzung, die Erfüllung von Erwartungen an Dienstleister und individuelle Informationen.

Veraltete These 9: Kreditkunden sind abhängig

Es gibt schon von der Bank oder Sparkasse abhängige Kreditkunden. Doch gilt das nicht für die Mehrheit aller Kreditkunden. Signalisiert der Kreditberater diese (oft vermeintliche) Abhängigkeit deutlich durch sein Verhalten, legt er die Grundlage für die Aufkündigung der Geschäftsverbindung. Kein Kunde möchte dauerhaft in dieser demonstrierten Abhängigkeit vom Kreditgeber leben. Besonders die „guten Kreditkunden" sind allseits umworben. Sie haben jederzeit die Möglichkeit, eine Finanzierung ablösen zu lassen. Oft ist der Wechselgrund die sehr deutlich ausgespielte Abhängigkeit.

Die Folge der meist nicht bewußten Überheblichkeit der Bank- und Sparkassenmitarbeiter werden Kundenverluste sein. Kreditnehmer streben aus der Geschäftsverbindung heraus. Wann immer es wirtschaftlich für sie möglich ist, werden sie Kredite ablösen oder nicht mehr in Anspruch nehmen. Oft bemerken Kreditberater nur schwindende Umsätze und schwächere Kreditinanspruchnahmen. Sie kennen weder die Gründe für die Rückgänge noch stellen sie Fragen nach den Ursachen. Die scheinbar heile Kreditwelt bleibt so (leider) erhalten.

1.2 Die Einstellung zum Kreditkunden: Geschäftspartnerschaft

Der Markt für private, gewerbliche und institutionelle Finanzierungen weist eine hohe Marktdurchdringung auf. Das bedeutet, daß die meisten interessanten Kreditkunden bereits fest von unterschiedlichsten Anbietern betreut werden. Es besitzen bereits mehr als 95 Prozent aller Bundesbürger über 14 Jahre eine Kontoverbindung mit einem Kreditinstitut und damit die Basis für Finanzierungen und Vergleichsmöglichkeiten. Die hohe Marktdurchdringung in der Bundesrepublik Deutschland führt zu *hohen Beratungsansprüchen* der Finanzierungsinteressenten und -kunden.

12 Der Kreditverkäufer

Zwischen den verschiedenen Anbietern nimmt der Wettbewerb um Finanzierungen zu. Die „Kämpfe" um die Marktanteile werden immer härter. Mit schwächeren Zuwachsraten der Gesamtwirtschaft und damit auch schwächeren Einkommenszuwächsen sowie stagnierenden Bevölkerungszahlen ist Neugeschäft fast nur noch aus den Beständen der Wettbewerber erzielbar. Der Wettbewerb um Finanzierungen wird neben den Banken und Sparkassen von immer mehr Anbietern geführt. Eine Folge ergibt sich aus dem wachsenden Wettbewerb für alle Finanzierungsfachleute: Die *Ansprüche an Fachwissen und Verhalten steigen weiter* an.

Interessenten und Kunden sind zunehmend besser informiert. Das Bank- und Finanzierungs-Know-how wächst kontinuierlich. Breitere Kundenschichten sind besser als noch vor wenigen Jahren und Jahrzehnten informiert. Die Medien – Tageszeitungen, Magazine, Fachpresse, Rundfunk, Fernsehen usw. – berichten häufiger und umfangreicher über Finanzierungsmöglichkeiten. Oft werden dabei Einzelheiten, Nebenbedingungen oder besondere Bedingungen übergangen, manchmal sogar übersehen. Dies führt zu sensibilisierten und gleichzeitig „teilinformierten" Interessenten und Kunden mit Halbwissen. Für den Kreditberater bedeutet das, daß die *Informationswünsche breiter und umfassender* werden.

Eine weitere Entwicklung läuft parallel zu dem steigenden Informationsbedarf: Die Angebots- und Leistungspalette der Kreditinstitute steigt ständig. Es vergeht kaum ein Monat ohne ein neues oder verändertes Angebot in der Branche. Inzwischen sind sich viele Angebote so ähnlich, daß sie sich nur noch durch kleinste Variationen und den wohlklingenden Namen unterscheiden. Angebote, die heute den Markt prägen, waren vor zehn Jahren kaum bekannt; Angebote, die in zehn Jahren große Marktbedeutung haben werden, sind zur Zeit in der Konzeption und zum Teil noch nicht bekannt. Der Berater der kommenden Jahre und Jahrzehnte wird sich deshalb *ständig weiterbilden und informieren* müssen, um „auf dem laufenden" zu bleiben.

Mit dem steigenden und sich wandelnden Angebot ergeben sich größere und neue Risiken für alle Marktteilnehmer. Die Branche wird weiter gegenüber unseriösen Anbietern anfällig bleiben. Die Folge: *Es drohen finanzielle und Vertrauensverluste.*

Inzwischen prägen „alternative" Gedanken einen Teil der Bevölkerung, vor allem jüngere Interessenten- und Kundenschichten. Daneben ändert sich das Verhalten der Kreditkunden: Wenn es vor wenigen Jahren noch selbstverständlich war, nach einer abgelaufenen Zinsbindung beim gleichen Institut zu prolongieren, so ist inzwischen das Wechselrisiko größer geworden und ein harter Kampf um attraktive Prolongationen entstanden. Der Finanzierungsberater muß deshalb *sensibel sowie kundenspezifisch beraten und betreuen* können.

Der aktuelle Markt ist durch eine geringere Kundenbindung gekennzeichnet. Der treue Stammkunde ist auf dem Rückzug. Immer mehr Kunden nutzen interessante Leistungen bei unterschiedlichen Anbietern. Tips und Warnungen aus dem Bekanntenkreis (Freunde, Kollegen, Geschäftspartner, Bekannte, Nachbarn, Kunden, Lieferanten) werden noch stärker als in der Vergangenheit beachtet. Die *umfassende Beratung und die aktive Kundenbetreuung* sind die Antwort des Beraters.

Markttendenzen	Folgen für den Berater
– hohe Marktdurchdringung	– hohe Beratungsansprüche
– zunehmender Wettbewerb	– steigende Ansprüche an Fachwissen und Verhalten
– bessere Informationen der Kunden	– wachsende Informationsanforderungen
– umfangreiche Angebotspalette	– ständige Weiterbildung
	– drohende Verluste (incl. Vertrauen) sowie kundenspezifische Beratung
– größere und neue Risiken	
– geringere Kundenbindung	– umfassende Beratung sowie aktive Kundenbetreuung
– neue Vertriebsformen und -wege	– Neuorientierung sowie Nutzen neuer Entwicklungen

Abb. 1: Der aktuelle Finanzierungsmarkt und seine Bedeutung für den Finanzierungsberater

Neue Vertriebsformen und Vertriebswege werden auch für Finanzierungen genutzt. Der Standort des einzelnen Anbieters und Beraters verliert somit kontinuierlich an Bedeutung. Die Nähe zu Interessenten und Kunden wird durch die Vertriebsform (Telefonverkauf, Direct-Mail, Bildschirmtext usw.) und nicht mehr alleine durch die räumliche Entfernung bestimmt. Der Kreditspezialist wird weiter umdenken sowie neue Techniken im Vertrieb und der Beratung einsetzen.

Der Finanzierungsberater steht – bildlich gesprochen – zwischen seinen Interessenten und Kunden sowie dem Leistungsangebot seines Hauses (siehe Abbildung 1). Er übernimmt somit eine Mittlerfunktion: Sein Ziel ist es, den „richtigen" Klienten mit dem „richtigen" Angebot des Kreditinstituts zusammenzubringen.

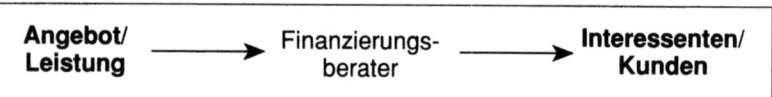

Abb. 2: Mittlerfunktion Angebot – Kunde

Die Abbildung 2 sieht die Leistung, das Angebot, als Ausgangspunkt aller Gedanken und Handlungen. Der dazu passende Kunde steht am Ende der Gedanken- und Handlungskette. Im Marketing- und Absatzdeutsch sprechen wir von „Angebots- oder Produktorientierung". Der Kunde wird frei nach dem Motto „Nimm meine Leistung – oder laß es!" beraten. Nach den bisherigen Ausführungen ist sehr schnell deutlich, daß diese produktorientierte Einstellung künftig immer weniger erfolgreich sein wird.

Deshalb drehen wir das Bild um in die Abbildung 3. Jetzt beginnt der Gedanken- und Handlungsgang bei den Interessenten und Kunden. Die Angebote und Leistungen des Kreditinstituts stehen am Ende der Kette.

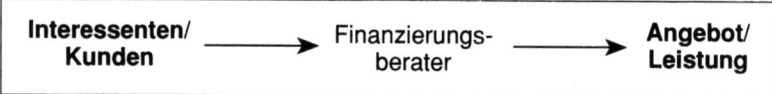

Abb. 3: Mittlerfunktion Kunde – Angebot

Wir sprechen jetzt von der „Kundenorientierung". Der Interessent und Kunde steht jetzt mit seinen Vorstellungen, Wünschen und Erwartungen am Beginn aller Aktivitäten des Kreditberaters. Er vermittelt jetzt nicht den „passenden Kunden" an sein Angebot, sondern das passende Angebot an seinen Kunden. Die dazugehörigen Kommunikationstechniken bietet Ihnen das zweite Kapitel, die Vorgehensweisen werden Ihnen detailliert im dritten Kapitel vorgestellt und die einzelnen Formen des aktiven Verkaufs von Krediten sind dem vierten Kapitel dieses Buches vorbehalten.

Der Kreditverkäufer 15

Kundenorientierung im Kreditgeschäft fordert Allgemein- und Fachwissen, bestimmte Grundeinstellungen und Verhaltensweisen sowie Methodenwissen. Diesem Buch sind nur die Bereiche Einstellung, Methoden und Verhalten in der Kundenberatung zugeordnet. Das Fachwissen können Sie sich mit Hilfe von anderen Veröffentlichungen und Fachveranstaltungen besorgen. Das Allgemeinwissen haben Sie in Ihrer Schul-, Ausbildungs-, Studien- oder Berufszeit erworben.

Als Ziel der Tätigkeit mit und für Kunden hat sich die **Geschäftspartnerschaft zwischen Kreditinstitut und Kunde** bewährt. Diese Partnerschaft ist eine klare Abkehr vom klassischen Bankdenken, überholten Einstellungen zum Kunden und traditionellen Verhaltensweisen im Kundenkontakt. Die Geschäftspartnerschaft zwischen Ihnen und Ihren Kunden läßt sich durch das Bild der Waage symbolisieren (siehe Abbildung 4).

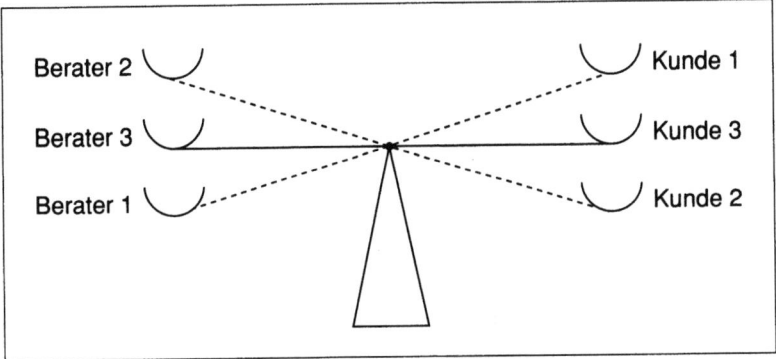

Abb. 4: Geschäftspartnerschaft zwischen Kreditinstitut und Kreditkunde

Geschäftspartner wiegen gleich viel auf den beiden Armen einer Pendelwaage (Situation 3): die Waage pendelt sich auf der Waagerechten ein. Beide Geschäftspartner haben ein fundamentales Interesse an einem Geschäftsabschluß. Sie möchten jeweils einen Nutzen erzielen: der Kunde den Nutzen aus dem Angebot oder der Leistung und der Berater den dafür angemessenen Preis.

Die Situationen 1 und 2 bringen dem Berater nur kurzzeitig Erfolg. Der „unterwürfige Berater 1", der gerne „darf/dürfte", „vielleicht", „eventuell", „hoffentlich" und „dienen" verwendet, wird dauerhaft den Beratungserwartungen seiner Klienten nicht entsprechen und deshalb gemieden werden. Dieser unterwürfige Berater zeigt seine Einstellung zu seinen Kunden gerne in Geschäftsbriefen: Eine typische Floskel lautet dann „Wir *hoffen*, Ihnen mit diesen Angaben *gedient* zu haben und verbleiben ...". Der Kunde kann dauerhaft die Unter-/Überordnung in der Korrespondenz nachlesen. Der „überhebliche Berater 2", der häufig „muß/müssen", „Schuld", „Schuldner" und „Kreditgewährung/gewähren" verwendet, wird dauerhaft nur von abhängigen Kunden konsultiert werden. Und welcher gute Finanzierungskunde ist heute schon von einem Berater abhängig?

Die Geschäftspartnerschaft zwischen einem Anbieter und seinem Kunden ermöglicht eine langfristige Zusammenarbeit im Kreditgeschäft und in anderen Geschäftsbereichen. Schlägt das Pendel dagegen für eine Seite deutlich und längerfristig aus, wird der andere Teil nach einem neuen Geschäftspartner suchen: Anbieter lassen sich nicht dauerhaft und ohne Chance auf eine Änderung auf Verlustgeschäfte ein, und Kunden wechseln sehr wahrscheinlich zum nächsten Anbieter, wenn sie dort günstigere Bedingungen vorfinden.

Im Zusammenhang mit dem Verkauf von Finanzdienstleistungen werden häufig der Begriff „Kundenfront" oder die Formulierung „Wir an der Front mit dem Kunden" verwendet. Gedanklich soll der Gegensatz zu Mitarbeitern im Innendienst, im Back-Office oder in der Kredit-/Verwaltung betont werden. Doch der Begriff forciert eine sprachliche und gedankliche Konfrontation zwischen Dienstleister und Kunde. An Fronten wird gekämpft, an Fronten wird verletzt, an Fronten gibt es Sieger und Verlierer. Und welcher Kunde – oder auch Dienstleister – möchte über längere Zeit zum Verlierer des Kampfes werden? – Revanchen, oft das Nichteinhalten von Vereinbarungen, sind die zwangsläufige unangenehme Folge. Die Alternative zur Front klingt viel freundlicher: „Mitarbeiter im direkten Kundenkontakt".

Der Gedanke der Geschäftspartnerschaft gilt für alle Bankgeschäfte. Es kann keinen besseren oder schlechteren Kunden geben. Sie sind auf beide Kunden angewiesen: beide Kunden sind Voraussetzung für die regelmäßige Zahlung Ihres Gehaltes. Das wirtschaftliche Interesse und die finanzielle Situation (Einkommen, Vermögen) des Kunden bestimmen neben den geschäftlichen Zielen Ihres Hauses die Geschäftspartnerschaft. Hauptziel wird fast immer **eine umfassende, langfristige und ertragreiche Geschäftsverbindung** sein. Mit steigender Kontenzahl und vermehrter Inanspruchnahme von Dienstleistungen durch einen Kunden wächst die Bindung zum Anbieter. Die Waage läßt sich durch ein ungünstiges oder ungeschickt vorgebrachtes zusätzliches Angebot nur wenig bewegen.

Die Geschäftspartnerschaft ist neben der materiellen Seite auch sehr stark durch personenbezogene Aspekte bestimmt. Sie kennen sicher die Kundenreaktion auf ein weniger günstiges Finanzierungsangebot: „Herr ..., Ihr Angebot liegt zwar 0,25 % über der Bank da drüben, aber weil wir so gut zusammengearbeitet haben, bleibe ich bei Ihnen". Der Kunde sagt mit anderen Worten: Die Angebotswaage ist nach unten gedrückt, aber Ihre Persönlichkeit bringt die beiden Waagschalen wieder in die Waagerechte.

Persönliches Verhalten eines Beraters kann die Waage aus der Kundensicht auch belasten. Der Kunde sagt zum Zweigstellenleiter: „Sie haben schon günstige Konditionen. Doch der Kreditberater! Der ist unmöglich, das dauert immer. Da gehe ich lieber wieder zur X-Bank". Mit anderen Worten: Die Angebotswaage stimmt, aber die Persönlichkeit des Kreditberaters drückt die Waagschale deutlich nach unten.

Ihre Geschäftspartner fordern von Ihnen materielle und persönliche Leistungen. Der persönliche Aspekt wird zwar vom Kunden seltener angesprochen, dennoch registriert er ihn. Stimmt die Waage aus der subjektiven Sicht des Kunden, haben Sie eine günstige Position für eine dauerhafte Geschäftsverbindung. Denken Sie bei allen Kontakten mit Ihren Kunden an das Bild der Waage. Es wird Ihre Finanzierungsberatung verbessern – es wird Ihnen helfen, noch erfolgreicher zu sein.

Kapitel 2

Die Kommunikation mit Kreditkunden

In Kapitel 2 geht es vor allem um:

- Sprachliche und nichtsprachliche Kommunikationselemente
- Kommunikationselemente, die ein Gespräch belasten und stören
- Kommunikationselemente, die ein Gespräch unterstützen und fördern
- Kommunikationselemente, die ein Gespräch steuern

2. Die Kommunikation mit Kreditkunden

Finanzierungsgespräche sind in der Regel keine Monologe. Der Berater wird seinen Gesprächspartner in das Gespräch einbinden. Es findet eine Zwei-Wege-Kommunikation statt:

Der Berater sendet eine sprachliche oder nichtsprachliche Botschaft an seinen Kunden, dieser antwortet dem Berater, der wiederum reagiert und sendet eine erneute Botschaft. Ein stetes Senden-Empfangen-Senden-Empfangen-... mit wechselnden Rollen findet statt.

Im Gegensatz zur Ein-Weg-Kommunikation (siehe Abbildung 5) ergibt sich bei der Zwei-Wege-Kommunikation ein steter gegenseitiger Beeinflussungsprozeß. Die einzelnen Teile (= Botschaften) dieses Ablaufs nennen wir Kommunikationselemente, den gesamten Vorgang Kommunikation. Kommunikation ist demnach der Austausch sprachlicher und nichtsprachlicher Mitteilungen.

Ein-Weg-Kommunikation:

Berater		Kunde	
Sender	→	Empfänger	„Lesen Sie sich das genau durch, füllen Sie dann das Formular aus, und werfen Sie es in unseren Postkasten. Auf Wiederhören."

Zwei-Wege-Kommunikation:

Berater		Kunde	
Sender	→	Empfänger	B: „Was kann ich für Sie tun?"
Empfänger	←	Sender	K: „Habe ich die Kreditabteilung?"
Sender	→	Empfänger	B: „Nein. Wen möchten Sie sprechen? "
Empfänger	←	Sender	K: „Herrn Müller, bitte."
Sender	→	Empfänger	B: „Ich verbinde Sie mit ihm."
Empfänger	←	Sender	K: „Vielen Dank. Auf Wiederhören."
Sender	→	Empfänger	B: „Auf Wiederhören."

Abb. 5: Ein- und Zwei-Wege-Kommunikation

22 Die Kommunikation mit Kreditkunden

Kommunikationselemente werden oft auch Kommunikationsreize genannt. Diese Reize können ein Gespräch unterstützen oder belasten, sie können das Gespräch stören, fördern oder steuern. Wir bezeichnen sie als Gesprächsstörer, Gesprächsförderer sowie Gesprächssteuerer und werden sie in den nächsten Abschnitten ausführlich darstellen.

2.1 Die Gesprächsstörer

Gesprächsstörer sind nicht nur in Kreditgesprächen weit verbreitet. Auch Sie werden den einen oder anderen Gesprächsstörer sowohl in Beratungsgesprächen als auch in alltäglichen Gesprächen entdecken. Sie können durch den gezielten Einsatz vieler Gesprächsstörer Gespräche mit Ihren Kunden schnell „abtöten". Indem Sie alle Gesprächsstörer vermeiden, geben Sie Ihren Gesprächspartnern die Chance, daß sie ihre Anliegen mit Ihnen besprechen. Das ist eine gute Basis für verkäuferischen Erfolg.

Die Abbildung 6 gibt Ihnen einen Überblick über die wichtigsten Gesprächsstörer und liefert Ihnen Beispiele aus dem Beratungsalltag. Nehmen Sie die Auflistung der Gesprächsstörer als „mahnenden Zeigefinger" nach dem Motto:

 Gesprächsstörer sind zur Nachahmung in Finanzierungsgesprächen keinesfalls empfohlen!

Gesprächsstörer	Beispiel
1. Befehlen	„Sie müssen zuerst eine Einkommensbestätigung besorgen und dann müssen Sie auf alle Fälle noch ...."
2. In eine „Schublade" stecken	„Solche Erfahrungen macht jeder richtige Bauherr im Laufe der Zeit; das gehört zu jeder richtigen Finanzierung."
3. Herunterspielen	„Das ist nicht so schlimm wie es jetzt aussieht. Beim nächsten Mal spielt das Finanzamt sicher wieder mit."
4. Vorschläge vorschnell anbieten	„Zur Zeit bieten wir immer lange Zinsbindungen an. Das ist doch sicher auch die richtige Finanzierung für Sie?"

5. Vorwürfe machen	„Hätten Sie meinen Zinstip im letzten Sommer befolgt, dann hätten Sie über zwei Prozent für vier Jahre gespart."
6. Bewerten	„Das finde ich von Ihnen aber sehr übertrieben."
7. Von sich reden	„Ich habe da meine Erfahrung mit Leasinggeschäften. Ich mache das immer so, daß ...."
8. Überreden	„Nehmen Sie lieber einen variablen Zinssatz. Sie werden es mir danken."
9. Warnen	„Sie werden schon sehen, was Ihnen das einbringt. Ein so hohes Disagio wird Sie noch reuen."
10. Ironisieren	„Bei diesem Zinsanstieg geht für Sie jetzt bestimmt die Welt unter."
11. Ausfragen	„Warum?, Wie hoch ist Ihr Steuersatz?, Was sagt Ihre Frau dazu?, ..."
12. Monologisieren	Berater spricht ständig – Kunde kommt kaum zu Wort.
13. Gesprächsumfeld	Kunde wird von der Umgebung (Lärm, Unordnung, Schmutz) gestört.
14. Belastete Gesprächspartner	Kunde und/oder Berater sind nicht fit (Krankheit, Müdigkeit, Streß).

Abb. 6: Gesprächsstörer

Aus Gewohnheit, Nachlässigkeit oder einfach aus Bequemlichkeit verwenden gerade auch erfahrene Kreditberater Gesprächsstörer. Viele Gesprächsstörer sind Mitarbeitern von Kreditinstituten kaum bekannt, vor allem werden sie dem eigenen typischen Verhaltensspektrum nicht zugeordnet. Jeder einzelne Gesprächsstörer ist Teil des Bank- und Sparkassenalltags. Die folgenden Abschnitte dieses Buches werden Sie sensibler für verkaufs- und kundenorientiertes Verhalten machen; Sie reduzieren den Einsatz von Gesprächsstörern und verwenden gezielt Gesprächsförderer und Gesprächssteuerer.

 Jeder unterlassene Gesprächsstörer verbessert die kommunikative und menschliche Qualität Ihrer Kreditberatung.

24 Die Kommunikation mit Kreditkunden

2.2 Die Gesprächsförderer

Alle Kommunikationselemente, die den Dialog mit dem Kunden unterstützen, bezeichnen wir als Gesprächsförderer. Es sind Verhaltensweisen, die Interesse am Gesprächspartner und dem, was er sagt, bekunden. Die Gesprächsförderer signalisieren dem Kreditkunden oder Interessenten:

- Ich möchte Sie und Ihre Anliegen verstehen.
- Sprechen Sie bitte weiter.
- Ich helfe Ihnen gerne und bin für Sie da.
- Nennen Sie bitte Ihre Vorstellungen.
- Habe ich Sie so richtig und vollständig verstanden?

Gesprächsförderer sind Äußerungen, die voll auf den Gesprächspartner ausgerichtet sind. Der Kreditberater will seinen Kunden verstehen und teilt ihm mit, was er von ihm bisher erfahren hat. Der Berater hält sich mit seinen Empfehlungen, Ansichten, Ratschlägen, Bewertungen und Zielen zurück. Hier alle Gesprächsförderer mit Beispielen aus Kreditgesprächen:

Gesprächsförderer 1: Kunde(nwunsch) geht vor

Zwei Beispiele zur Verdeutlichung: Sie betreten eine Bankstelle, gehen direkt zum Beratungsplatz. Sie wünschen eine Finanzierungsberatung; es geht um einen größeren Betrag. Einige Meter vom Beratungsplatz spricht der Bankstellenleiter sehr aufgeregt mit einer Mitarbeiterin. Sie warten als Kunde auf das Ende dieser Unterredung und die übliche Beratung durch die Bankangestellte. – Welchen Eindruck könnten Sie während der Wartezeit von dem Kreditinstitut und dessen Mitarbeitern gewinnen?

Zweitens: Sie lassen sich über Finanzierungsformen informieren. Sie kommen zu der Überzeugung, daß eine zehnjährige Zinsfestschreibung genau Ihren Vorstellungen entspricht. Der Berater nimmt sich viel Zeit, die Vorteile der institutseigenen variablen Finanzierungsvariante zu erläutern. Über die Attraktivität von längeren Zinsbindungen sagt er nichts. Sie merken sehr deutlich, daß der Berater die variable Finanzierung verkaufen will. – Welchen Eindruck könnten Sie im Verlauf des Gesprächs von diesem Kreditinstitut und dem Berater gewinnen?

In beiden Beispielen geht das Kreditinstitut vor dem Kunden vor: Unsere Pendelwaage, Sie erinnern sich an den Gedanken der Geschäftspartnerschaft, schlägt zu Ungunsten des Kunden aus. Die Waage pendelt sich sehr schnell in der Waagerechten ein, wenn der Gesprächsförderer „Kunde(nwunsch) geht vor" angewendet wird.

Unsere Beispiele ändern sich: Im ersten Fall stellt der Bankstellenleiter das interne Gespräch zurück. Der Kunde betritt die Bankstelle, die Angestellte fragt nach seinen Wünschen. Der Kunde hat bei der sofortigen Bedienung keine Zeit, einen schlechten Eindruck von der Bank und den Bankmitarbeitern zu gewinnen. Im zweiten Beispiel erfährt der Berater den Kundenwunsch: Finanzierung mit längerer Zinsfestschreibung. Er fragt den Kunden, ob er auch die Vorteile von variablen Finanzierungen kennt. Der Kunde wird bejahen und bei seinem Wunsch bleiben. Der Berater erarbeitet jetzt eine individuelle Finanzierung mit längerer Zinsbindung.

Die Kundenwünsche sind für Ihre Kunden wichtiger als Ihre Anliegen und die Ihres Hauses. Sprechen Sie erst mit Ihren Kunden über deren Themen. Diese Themen sind für den Kunden interessant. Beraterthemen sind in den Augen vieler Kunden Formalitäten, weniger interessant, häufig langweilig. Haben Sie Ihrem Kunden dessen Wünsche erfüllt, ist er positiv gestimmt und eher bereit, Ihnen und Ihren Themen zu folgen. Der Kunde schätzt Klarheit, zuverlässige Informationen und schnelle Entscheidungen. Warten Sie mit Ihren Themen, den Anbieterthemen, einige Momente. Ihre Geduld wird von Ihren Gesprächspartnern durch verstärkte Aufmerksamkeit und Interesse belohnt.

Ihr „Kunde hat Vorrang vor" allen internen Angelegenheiten, insbesondere vor der Technik. Bedienen und beraten Sie Kunden möglichst immer sofort. Wenn Sie gerade Statistiken ausfüllen, Nachfolgearbeiten durchführen, Informationen mit Kollegen austauschen oder gar Privatgespräche führen und der Kunde kann dies einsehen, wird er kaum Verständnis dafür aufbringen. Die Kunden spüren schnell diese Mißachtung durch den Berater.

Gesprächsförderer 2: Umschreiben

Sie verstehen im Finanzierungsgespräch immer das, was Sie vom Kunden gehört haben. Sie verstehen nicht immer das, was der Kunde Ihnen sagen wollte. Hoffentlich ist das Gesagte mit Ihrem Gehörten identisch. Der Gesprächsförderer „Umschreiben" unterstützt Sie, daß Sie tatsächlich das Gesagte verstehen.

Ein Beispiel für das Umschreiben als Gesprächsförderer:

„Wenn ich Sie richtig verstanden habe, möchten Sie 300.000 Mark finanzieren; ein Drittel mit sofortiger Tilgungsmöglichkeit, den restlichen Betrag mit einer festen Tilgungsrate. Insgesamt sollen Ihre monatlichen Zahlungen 2.000 Mark nicht übersteigen."

Jetzt kann der Kunde entweder „Ja, so ist es" oder mit Korrekturen und Ergänzungen antworten. Der Berater erhält eine sichere Grundlage für das weitere Beratungsgespräch. Der Gesprächsförderer Umschreiben schützt Sie somit vor schwierigen und oft peinlichen Situationen. Mit dem Umschreiben teilt der Berater seinem Kunden mit, daß er dessen Aussage aufgenommen hat und bereit ist, weiter darüber zu sprechen.

Gesprächsförderer 3: Zusammenfassen

Es gibt Kreditberatungen, in denen Ihr Kunde seine Vorstellungen und Anliegen umständlich, langwierig und ausführlichst beschreibt. Vielleicht dreht sich das Gespräch sogar längere Zeit im Kreis. Hier setzt der Gesprächsförderer „Zusammenfassen" an. Formulierungen wie

- „Ich wiederhole noch einmal kurz ...".
- „Sammeln wir einmal die wichtigsten Punkte ...".
- „Wo waren wir stehengeblieben?" (vor allem bei Unterbrechungen durch Telefonate).
- „Was haben wir bisher vereinbart?"

leiten Zusammenfassungen ein. Die Zusammenfassungen entsprechen stark verkürzten Umschreibungen. Sie heben zentrale Aussagen, Ergebnisse und Gemeinsamkeiten hervor, machen sie den Gesprächsbeteiligten bewußt und geben konstruktive Ansatzpunkte, im Gespräch fortzufahren. Der Gesprächsförderer Zusammenfassen bringt Strukturen in ein Gespräch. Die Kernaussagen werden in den Mittelpunkt gestellt und gleichzeitig die Nebensächlichkeiten – die viel zu viel Zeit beanspruchen – verdrängt. Ein Beispiel:

Kunde: „Ich bin immer noch skeptisch vor der Entscheidung. Vor Jahren habe ich einmal eine kleine Finanzierung abgeschlossen. Erst dachte ich, daß ich den richtigen Zeitpunkt erwischt habe. Doch dann gingen die Zinsen nach unten und ich mußte weiter die hohen Zinsen zahlen. Und jetzt sieht das fast schon wieder so aus ... Die Zinsen können doch noch fallen ... Und ich weiß jetzt noch nicht ..."

Berater setzt den Gesprächsförderer Zusammenfassen ein: „Sie möchten also noch etwas abwarten?"

Mit wenigen Worten gelingt dem Berater eine präzise Zusammenfassung der Kundenaussagen. Der Kunde stimmt wahrscheinlich mit „Ja" zu und fragt vielleicht nach Einzelheiten: „Mit was rechnen Sie?" Die Grundlage für eine weitere Argumentation ist durch den Gesprächsförderer Zusammenfassen gelegt.

Gesprächsförderer 4: Nachfragen

Der Berater zeigt seinem Kunden durch den Gesprächsförderer „Nachfragen", daß ihn dessen Einstellungen, Vorhaben, Wünsche interessieren und er weitere Informationen benötigt. Dem Kunden wird dadurch leichtgemacht, weiter zu reden und Details oder andere Gesichtspunkte anzuführen. Der Berater gewinnt indessen Zeit, nachzudenken. Er kann schon mögliche Empfehlungen während der Kundenäußerungen überprüfen. Einige Formen des Nachfragens:

- „Herr Müller, das habe ich im Moment nicht vollständig verstanden. Können Sie mir noch etwas mehr über Ihre Vorstellungen zu dieser Finanzierung sagen?"
- „Dazu würde ich gerne noch mehr von Ihnen erfahren."
- „Frau Schneider, was können Sie mir über diese Finanzierung noch sagen?"
- „Welche Vorstellungen haben Sie im einzelnen über ... (die Zusammenarbeit, die technische Abwicklung, die Tilgungsleistungen, die Absicherung usw.)?"
- „Erzählen Sie mir bitte mehr darüber."

Kaum ein Kunde widersetzt sich dem Gesprächsförderer Nachfragen, da der Kunde zuvor das Thema angesprochen hat und somit schnell bereit ist, über Einzelheiten zu sprechen. Nachfragen wird überraschend selten angewendet. Sie werden sich häufiger ertappen können, daß Sie, anstatt nachzufragen, um Genaueres zu erfahren, schnell die Kundenäußerung „in eine Schublade stecken" (Gesprächsstörer Nr. 2). Sie schneiden damit den Gesprächsfluß ab.

Mit der Verwendung des Gesprächsförderers Nachfragen setzen Sie einen Schlüssel bei Ihrem Kunden an: Er öffnet sich und gibt Ihnen zusätzliche Informationen. Achtung: Verwechseln Sie Nachfragen nicht mit Ausfragen. Das ist – wie Sie sich sicher noch erinnern – der 11. Gesprächsstörer.

Gesprächsförderer 5: Denkanstoß geben

Viele Kunden belasten sich, indem sie gerade Kreditentscheidungen immer wieder von verschiedenen Seiten beleuchten. Eine Entscheidung treffen sie nicht, manchmal aus Bequemlichkeit, manchmal aus Hilflosigkeit, manchmal weil ein Teilaspekt den Blick für die richtige Entscheidung verstellt. Denkanstöße als Gesprächsförderer können Entscheidungen beschleunigen. Manchmal sind mehrere Denkanstöße erforderlich. Die Denkanstöße des Beraters zeigen dem Kunden das Interesse an ihm und der Sache. Sie zwingen ihn zugleich, weitere Gründe für oder gegen eine Entscheidung zu suchen. Der Berater drückt durch seine Denkanstöße aus, daß er den Kunden unterstützen will und ihm die Entscheidung nicht abnehmen wird.

Mit dem Gesprächsförderer „Denkanstoß geben" vermeiden Sie den Gesprächsstörer „Belehren". Ihr Kunde ist Ihr Geschäftspartner mit wichtigen Anliegen. Er entscheidet frei – mit Unterstützung durch Sie als dessen Berater. Beispiele für Denkanstöße:

- „Bitte beachten Sie auch ..."
- „Wie wichtig ist für Sie ...?"
- „Haben Sie bei Ihren Gedanken auch ... berücksichtigt?"
- „Ich frage mich gerade, wie wertvoll für Sie ... ist?"
- „Eine Reihe von Kunden fragt bei solchen Entscheidungen auch nach ... (dem Restkreditbetrag, Sondertilgungsmöglichkeiten usw.)?"

Denken Sie immer daran: Entscheidungen, die der Kunde trifft – zum Beispiel nach Ihren Denkanstößen – werden von ihm getragen und verteidigt. Es sind seine Entscheidungen; Entscheidungen, die Sie für Ihren Kunden ohne Auftrag treffen, sind für den Kunden Beraterentscheidungen. Diese Entscheidungen bleiben ihm fremd, auch wenn er Ihnen vordergründig zustimmt.

Gesprächsförderer 6: Relativieren

Mit dem Gesprächsförderer „Relativieren" setzen Sie zwei oder mehr Aussagen Ihres Kunden in einer Kurzform in Beziehung zueinander:

- „Frau Kaiser, auf der einen Seite wünschen Sie eine feste Kalkulationsbasis, auf der anderen Seite hoffen Sie noch auf einen Zinsrückgang?"
- „Bitte vergleichen Sie neben den reinen Konditionen auch die Nebenleistungen der XY-Bank."
- „Herr Schöler, wägen Sie zwischen ... und ... ab."

Durch Relativierungen werden Entscheidungsprobleme deutlicher. Der Kunde hat kaum Möglichkeiten, sich von der Entscheidung zu entfernen und über Nebensächlichkeiten zu sprechen. Der Berater steuert auf eine schnelle Kundenentscheidung hin. Der Entscheidungsspielraum wird gezielt eingeengt. Der Berater beschleunigt die Entscheidungsphase durch den Gesprächsförderer Relativieren.

Gesprächsförderer 7: Ich-Aussagen

In einem Beratungsgespräch vertreten Sie Ihre persönliche Meinung und die Ihres Hauses. Sie suchen die persönliche Beziehung zu Ihren Kunden. Sie sind bestimmt bereit, die volle Verantwortung für das zu übernehmen, was Sie sagen. Dann sollten Sie die gesprächsfördernden Ich-Aussagen verwenden:

- „Bei der jetzigen Zinsentwicklung empfehle ich Ihnen ..."
- „Ich bin überzeugt davon, daß ..."
- „Ich erledige ... für Sie."
- „Das ist möglich. Ich rate Ihnen deshalb zu ..."

In Ich-Aussagen sprechen wir über uns selbst. Alle Ich-Aussagen sind leicht verständlich. Ihr Kunde kann Ihre Gedanken und Vorschläge ohne Einschränkungen erkennen. Er bekommt eine klare Aussage. Diese klaren Ich-Aussagen wirken ansteckend. Ihr Gesprächspartner wird nach Ihren Ich-Aussagen weniger umständlich und einschränkend sprechen. Sie sparen so viel Zeit.

Gesprächsförderer 8: Bedingte Zustimmung

Bedingte Zustimmungen sollen eine konstruktive Atmosphäre für eine sachliche Auseinandersetzung mit Ihren Kunden schaffen. Sie können diesen Gesprächsförderer besonders erfolgreich anwenden, wenn Sie Äußerungen Ihres Gesprächspartners verstehen, aber nicht unbedingt teilen können. Die bedingte Zustimmung bedeutet für Sie kein sachliches Nachgeben. Ziel ist vielmehr die Entspannung einer belasteten Gesprächsatmosphäre. Mit der bedingten Zustimmung wird die weitere Kommunikation erst möglich. Eine Konfrontation, die der Kunde vielleicht anstrebte, wird vermieden.

Ein Dialogbeispiel:

Ein Finanzierungskunde äußert verärgert:
- „Das ist unerhört, daß Sie mich bis jetzt noch nicht über die neuen Förderprogramme informiert haben."

und Sie antworten mit einer bedingten Zustimmung:
- „Ich finde es gut, daß Sie mich darauf ansprechen...."

Anschließend können Sie Ihre Argumentation, Ihre Meinung oder eine Frage nachschieben. Mit der bedingten Zustimmung ist die Plattform für die Fortsetzung des Gesprächs erreicht. Ohne diesen gesprächsfördernden Zwischenschritt ist die Wahrscheinlichkeit für weitere Kundenangriffe und Konfrontation sehr groß. Einige typische Beispiele für bedingte Zustimmungen:
- „Ich kann Ihre Äußerungen verstehen."
- „Das ist sehr interessant."
- "Es ist wichtig, daß Sie das ansprechen."
- „Vielen Dank für diesen Hinweis."

Varianten des Gesprächsförderers „Bedingte Zustimmung" werden später bei der Einwand- und Vorwandbehandlung noch ausführlich mit einer Reihe von Beispielen dargestellt.

Die Kommunikation mit Kreditkunden 31

Gesprächsförderer 9: Gesprächsumfeld

Der letzte Gesprächsförderer ist mit dem 13. Gesprächsstörer vom Begriff her identisch, allerdings mit umgekehrten Vorzeichen. Hier einige kurze Hinweise für ein förderndes, ein angenehmes Gesprächsumfeld:

- Räumliche Trennung zwischen den Beratungsplätzen
- Räumliche Trennung der Beratungsplätze zu sonstigen Bereichen (keine Zuhörer und Zuschauer)
- Beratungsplatz mit Sitzanordnung über Eck
- Funktionale Ausstattung des Beratungsplatzes (kurze Wege)
- Vollständige Unterlagen am Arbeitsplatz
- Sauberer und geordneter Beratungsplatz
- Wenige Störungen durch Personen (Kollegen) und Technik (Telefon)
- Kein Einblick in andere (Kunden-)Unterlagen
- Warteplatz für Kunden (inkl. Kinderecke)

Setzen Sie sich für ein kundenfreundliches Gesprächsumfeld ein. Beachten Sie dabei, daß Sie Ihr Gesprächsumfeld mit anderen Augen als Ihre Kunden sehen. Sie sind, und das mit längerer Betriebszugehörigkeit, „betriebsblind" geworden. Bitten Sie einen guten Bekannten in Ihre Beratungsecke oder Ihr Beratungszimmer. Geben Sie ihm die Aufgabe, Ihren Beratungsplatz und das Umfeld dieses Platzes mit bewußt kritischen Kundenaugen zu überprüfen. Er wird Ihnen einige überraschende Beobachtungen mit guten Verbesserungsansätzen liefern können. Fragen Sie sich sofort „Wie kann ich diese Beobachtungen und Hinweise in Verbesserungen umsetzen?". Nur die in Verbesserungen umgesetzten Beobachtungen und Hinweise machen Ihr Gesprächsumfeld noch kundenfreundlicher als bisher.

2.3 Die Gesprächssteuerer

Die einzelnen Gesprächssteuerer haben sehr viel mit den Gesprächsförderern gemeinsam: Sie unterstützen jeweils den Dialog mit dem Finanzierungskunden, sorgen für eine angenehme Gesprächsatmosphäre und beschleunigen das Finanzierungsgespräch. Über die Gesprächsförderung hinaus lenken sie zusätzlich das Gespräch in eine bestimmte Richtung; vorrangig natürlich zum erwünschten Geschäftsabschluß. Somit haben die Gesprächssteuerer zwei Funktionen: **Unterstützung der Kommuni-**

kation und Beschleunigung des Kommunikationsvorganges. Je stärker Sie die einzelnen Möglichkeiten der Gesprächsteuerung einsetzen, um so rationeller läuft Ihr Finanzierungsgespäch ab. Beachten Sie aber die Grenzen jeder Steuerung: Der Kunde empfindet bald Bevormundung bei zu starker Führung durch den Finanzierungsberater -unsere Pendelwaage schlägt wieder aus.

Gesprächssteuerer 1: Zuhören

Sicher kennen auch Sie die üblichen Klagen: „Keiner hört mir zu", „Das habe ich schon gesagt", „Niemand hört auf mich" usw. – In unserer Gesellschaft besteht ein großes Defizit im praktischen Zuhören. Wer hat schon Zuhören systematisch, wie das Lesen, Schreiben oder Rechnen, erlernt? – Doch gerade gute Zuhöreigenschaften sind im Alltag, im beruflichen Bereich und gerade in der Finanzierungsberatung besonders wichtig. Bei Gesprächen sind sie generell unerläßlich. Zuhören ist die Kunst, im richtigen Augenblick zu schweigen. Zu einem verständnisvollen Zuhören gehört sicher weit mehr als nur Schweigen. Deshalb trennen wir das Zuhören in **passives Zuhören und aktivierendes Zuhören.** Das passive Zuhören gibt dem Partner viele Möglichkeiten, seine Gedanken darzulegen und gehört zu werden. Es beschränkt sich auf die Informationsaufnahme. Für die Kundenberatung und den Verkauf von Finanzdienstleistungen ist das natürlich nicht ausreichend.

Das aktivierende Zuhören ist wesentlich aufwendiger und umfassender. Die einzelnen Elemente zeigt Ihnen die Abbildung 7.

1. Partner (aus)reden lassen	2. Lautmalerei einstreuen
3. Verstärkende Äußerungen verwenden	4. Inhalte indirekt aufgreifen
	5. Echo-Antworten geben
6. Unvollständige Sätze anbieten	7. Gefühle ansprechen
8. Notizen anfertigen	9. Wichtige Punkte wiederholen

Abb. 7: Formen des aktivierenden Zuhörens

Schweigen ist für Finanzierungsberater schwer, weil sie schweigend nicht demonstrieren können, welches Fachwissen, welche Erfahrungen, welche Entscheidungsbefugnisse sie haben und welche vorteilhaften Ratschläge sie geben können. Viele Berater fühlen sich bestätigt, wenn sie sprechen und sich dem Kunden darstellen können. Häufig ist dies den Beratern selbst nicht bekannt. – Dies gilt ebenfalls für die Kundenseite: Ihre Kunden hören sich gerne selbst sprechen. Lassen Sie deshalb Ihre Gesprächspartner reden und ausreden.

Zuhören ist die Kunst, im richtigen Augenblick zu schweigen. Schweigen allein genügt vielfach nicht. Sie erinnern sich bestimmt an Fragen von Kunden wie „Hören Sie mir auch zu?" oder am Telefon „Hallo, sind Sie noch dran?". Das alleinige Schweigen hat verunsichert und zu den Fragen geführt. Streuen Sie deshalb Lautmalerei ein: „Mhm", „aha", „ja", „oh", „gut", „schön", „verstehe" usw. Jetzt nimmt Ihr Gesprächspartner das Zuhören sicher auf und spricht weiter. Nutzen Sie bevorzugt Pausen des Kunden für Ihre Lautmalerei. Achten Sie darauf, daß Sie Ihre Zuhörzeichen variieren.

Verstärkende Äußerungen haben neben der Information über das Zuhören zusätzlich eine steuernde Funktion. Ein Kunde sagt beispielsweise: "... und dann möchte ich zusätzlich noch einen Kredit für weitere Aktienkäufe aufnehmen" und der Berater antwortet „Ah ja, das ist sehr interessant". Der Kunde wird fortfahren: „Ja, ich sehe nämlich im Moment die besondere Chance, daß ...". Der Berater ergänzt in dem Beispiel die Lautmalerei („ah ja") durch eine verstärkende Äußerung („das ist interessant"). Damit führt er den Kunden zur nächsten Aussage. Er erspart sich eine bohrende Frage nach dem Kreditwunsch („Warum ...?") und vermeidet damit eine Konfrontation.

Inhalte können Sie indirekt aufgreifen, wenn Sie sich scheuen, eine schnelle Antwort auf eine Kundenfrage zu geben: „Sie sehen wahrscheinlich die Chance, daß ...?" Die Entscheidung bleibt dem Kunden überlassen. Die indirekte Aussage wirkt wie eine Frage. Der Kunde wird veranlaßt, über seine Vorstellungen nachzudenken und zu sprechen.

Gesprächspartner gehen manchmal sehr schnell über bestimmte Einzelheiten weg. Mit Echo-Antworten (oft in Frageform!) können Sie Ihr Zuhören bekunden und Ihr Interesse ausdrücken. Daneben steuern Sie so, daß die mit dem Echo aufgegriffenen Einzelheiten vertieft werden:

Kunde: „... und dann habe ich mich einige Jahre sehr zurückgehalten. Anschließend habe ..."
Berater: „... einige Jahre zurückgehalten?"
Kunde: „Ja, mein Einkommen war niedriger als ..."

Der Berater wiederholt ein oder mehrere Worte – wie ein Echo – des Kunden. Ziel ist es, mehr über den aktivierend angesprochenen Bereich zu erfahren. Zuhören und Gesprächssteuerung werden miteinander sinnvoll verknüpft.

Bei der aktivierenden Zuhörform „unvollständige Sätze anbieten" wird ein Wort oder ein Satzteil aus den Äußerungen aufgegriffen. Ein unvollständiger Satz entsteht. Absicht des Beraters ist es, daß der Kunde diesen Satzbeginn aufgreift und aus seiner Sicht vervollständigt. Diese Form der Aktivierung funktioniert nur, wenn die unvollständigen Sätze langsam und deutlich gesprochen werden: „Sie prüfen also ... ob Sie ..." Kunde: „Ja, ob ich jetzt abschließen soll oder doch lieber ...".

Mit der Technik „Gefühle ansprechen" stellen Sie den Kommunikationspartner voll in den Mittelpunkt:

- „Woran denken Sie bei diesem Angebot?"
- „Was bedeutet das für Sie?"
- „Welche Sorgen machen Sie sich?"
- „Welche Gefühle haben Sie dabei?"

Gefühle sollten Sie erst ansprechen, wenn die bisher aufgeführten aktivierenden Zuhörformen nicht oder nur zum Teil wirksam wurden. Gefühle werden immer mit öffnenden Fragen angesprochen. Sie vertiefen die Kommunikation – aus oberflächlichem „Geplänkel" wird ein „tiefergehendes persönliches" Gespräch.

Fertigen Sie Notizen an. Nur wer zuhört, kann Notizen anfertigen. Fragen Sie durch einen kurzen Kontrollblick nach der Zustimmung des Kunden. Halten Sie vor allem die wichtigsten Gesprächsergebnisse für beide Seiten fest. Wiederholen Sie die wichtigsten Punkte. Zu Ihrer Sicherheit aktivieren Sie Ihre Kunden bei besonders bedeutsamen Einzelheiten und Ergebnissen. Sie vermeiden frühzeitig Mißverständnisse, Konflikte und Reklamationen.

Zuhören ist die Kunst, im richtigen Augenblick zu schweigen

Seien Sie sich dieses Satzes immer bewußt. In einigen Gesprächen kommen Kunden mit Gesprächseröffnungen wie „Ich brauche dringend Ihren Rat" auf Sie zu. Nehmen Sie solche Äußerungen nicht als Freibrief, all Ihr Wissen über das Zuhören über Bord zu werfen. Was halten Sie von der Reaktion: „Diesen Rat gebe ich Ihnen gerne. Dazu benötige ich erst einige Informationen von Ihnen ..."? – Und jetzt sollten Sie gut zuhören und die Informationen des Kunden aufnehmen. Anschließend geben Sie individuell den gewünschten Rat.

Gesprächssteuerer 2: Fragen stellen

Das zweite Steuerungsmittel in allen Kommunikationssituationen ist der Einsatz von Fragen. Beachten Sie die Merkformel:

Wer fragt – der führt!

Für Finanzierungsspezialisten gibt es eine stattliche Reihe von guten Gründen, in Beratungs- und Verkaufsgesprächen gezielt Fragen zu stellen:

- Wer fragt, ist aktiver Gesprächspartner
- Wer fragt, aktiviert seinen Gesprächspartner
- Wer fragt, zeigt Interesse am Kunden
- Wer fragt, kann Interesse beim Kunden hervorrufen
- Wer fragt, gewinnt wertvolle Zeit zum Reagieren
- Wer fragt, schätzt seinen Gesprächspartner
- Wer fragt, spricht selbst erheblich weniger
- Wer fragt, erspart sich gefährliche Vermutungen
- Wer fragt, erfährt wahrscheinlich etwas
- Wer fragt, verkürzt das Gespräch
- Wer fragt, bringt den Kreditkunden zum Nachdenken
- Wer fragt, vermeidet Konflikte
- Wer fragt, hat das Gespräch im Griff
- Wer fragt, der führt das Kreditgespräch

1. Die offene Frage

Offene Fragen zielen auf längere, ausführliche Antworten der Gesprächspartner, meist ein oder mehrere vollständige Sätze. Sie regen damit selbst weniger gesprächige Menschen zum Sprechen an. Die offene Frageform weckt Auskunftsbereitschaft. Der Fragende erhält Zeit zum Überlegen. Offene Fragen eignen sich besonders zum Gesprächseinstieg, da sie umfassende Antworten als wichtige Grundlage für den weiteren Kontakt initiieren.

Die offene Frage beginnt mit einem Fragewort (W-Fragen) wie „Welche ...?", „Was ...?" oder „Wie ...?". Einige Beispiele:

- „Welche Vorstellungen haben Sie?"
- „Was kann ich heute für Sie tun?"
- „Wie stellen Sie sich die Rückführung vor?"

Ein Fragewort ist gefährlich: Das Wort „Warum". Warum-Fragen erinnern schnell an unangenehme Situationen in der Schulzeit, der Erziehung oder der Ausbildung. Offene Fragen mit anderen Fragewörtern führen dagegen zu partnerschaftlichen Gesprächen, obwohl sie bei sehr gesprächigen Kunden viel Zeit kosten können. Offene Fragen werden vereinzelt auch als „Einladungen" zu weitschweifigen Äußerungen angesehen.

2. Die geschlossene Frage

Geschlossene Fragen zielen auf ein klares „Ja" oder „Nein" des Befragten. Die einzelnen Informationen sind schon in der Frage oder den Aussagen kurz vor der geschlossenen Frage enthalten. Die geschlossene Frage beschleunigt Gespräche. Sie engt den Antwortbereich durch die Fragestellung ein. Die Begrenzung auf Ja- und Nein-Antworten verhindert tendenziell, daß weitere Äußerungen fallen.

Selbstverständlich antwortet nicht jeder Befragte mit „Ja" oder „Nein" auf eine geschlossene Frage. Es kommen auch Antworten, die zwischen den Aussagen „Ja, aber ..." und „Nein, doch ..." liegen. Der Antwortende spricht wider Erwarten vollständige Sätze.

Mit den Antworten auf geschlossene Fragen legt sich Ihr Gesprächspartner fest. Stellen Sie deshalb keine unvorbereiteten geschlossenen Fragen. Insbesondere Entscheidungsfragen in geschlossener Form können enttäuschende Antworten hervorrufen: „Sind Sie damit einverstanden?" – „Nein". Geschlossene Fragen gehören eher an das Ende eines Finanzierungsgesprächs.

3. Die Informationsfrage

Es gibt eine Reihe von Fragen, die auf den ersten Blick offen gestellt werden, tatsächlich aber einen geschlossenen Charakter aufweisen, die Informationsfragen:

- „Wie hoch ist der Betrag?"

- „Unter welcher Telefonnummer sind Sie zu erreichen?"
- „Bei welcher Bausparkasse haben Sie diesen Bausparvertrag abgeschlossen?"

Informationsfragen bedürfen sorgsamer Vorbereitung, damit nicht der Eindruck der Neugierde, des Ausfragens (= Gesprächsstörer!) entsteht. Bewährt haben sich vorbereitende Formulierungen wie „Ich benötige von Ihnen noch einige Informationen, damit ich Ihnen Ihre individuellen Finanzierungsmöglichkeiten aufzeigen kann". Der Kunde hat nach einer solchen Vorbereitung Verständnis für Informationsfragen.

4. Die Alternativ- oder Entscheidungsfrage

Mit der Alternativ- oder Entscheidungsfrage geben Sie Ihren Gesprächspartnern zwei Antwortmöglichkeiten vor. Sie sollen sich für A oder B entscheiden; andere Alternativen (z. B. ob überhaupt) werden beiseite geschoben. Die Entscheidungsfrage zielt nur auf ein „So oder So":

- „Frau Schulze, möchten Sie lieber monatliche oder halbjährliche Zinszahlungen?"
- „Welche Zinsbindung ist Ihnen angenehmer: 5 oder 10 Jahre?"
- „Welcher Termin sagt Ihnen für die Fortsetzung unseres Gesprächs mehr zu, Herr Seefelder: Montag oder Mittwoch?"

Es ist die Absicht der Alternativfrage, den Partner zwischen zwei Vorschlägen festzulegen, um dessen Denken und Handeln zu steuern. Achten Sie immer darauf, daß Sie realistische Alternativen gegenüberstellen. Stellen Sie die von Ihnen bevorzugte Alternative an die zweite Stelle. Hat Ihr Partner keine besonderen Vorlieben, so wird er eher die zweite Alternative wählen. Da Entscheidungsfragen teilen, reduzieren Sie den Gesprächsspielraum und die Bandbreite Ihrer Vorschläge. Wenden Sie Entscheidungsfragen bei der Bedarfsermittlung oder nach sorgfältiger Vorbereitung an. Sie haben dann ein sehr wirksames Instrument der Gesprächssteuerung zur Verfügung.

Alternativfragen erleichtern besonders die Terminvereinbarung. Ihr Kunde oder Interessent wird sich schneller für eine von zwei vorgegebenen Terminalternativen entscheiden, als auf eine Informationsfrage wie „Wann würde es Ihnen passen?". Zusätzlich vermeiden Sie Terminvorschläge, die nicht in Ihren Terminplan passen. Terminvereinbarungen durch Alternativfragen bringen Ihnen schneller und sicherer einen gemeinsamen Termin.

5. Der Wenn-Dann-Fragesatz

Eine sehr wirkungsvolle indirekte Frageform ist der Wenn-Dann-Fragesatz. Er ist keine echte Frage, sondern eine geschickte Formulierung mit stark fragender Betonung. Hier zwei Beispiele:

- „Wenn Sie noch diese Woche die Kontoeröffnungsunterlagen unterschrieben zurückgeben, dann können Sie schon nächste Woche ..."
- „Wenn ich Ihren Grenzsteuersatz in etwa kenne, dann ist es mir möglich, Ihnen Ihre Steuerersparnis auszurechnen."

6. Die rhetorische Frage

Rhetorische Fragen sind Scheinfragen. Der Fragende stellt vermeintlich eine Frage in den Raum. Tatsächlich erwartet er keine Antwort von dem Befragten, sondern gibt sich selbst die Antwort. Es entsteht so ein scheinbarer Dialog. Antwortet überraschend der Partner, ist die rhetorische Frage an ihrem Ziel vorbeigegangen: Strukturierung des Gesprächs und Setzen von Argumentationshöhepunkten.

- „Über was sollten wir noch sprechen?
- Ich meine über ..."
- „Auf was sollten Sie besonders achten?
- Denken Sie vor allem an ... und an ..."
- „Wie wollen wir verbleiben, Herr Schneider?
- Ich schicke Ihnen dann vorsorglich schon einmal eine Selbstauskunft und Sie ..."

Der Berater hat mit rhetorischen Fragen die Möglichkeit, wichtige, aber von seinem Gesprächspartner noch nicht angesprochene Aspekte anzuführen und verkaufsunterstützend zu beantworten. Er kann die Frage dann stellen, wenn es ihm am vorteilhaftesten erscheint. Fragen, auch wenn sie anschließend vom Fragenden beantwortet werden, lassen aufhorchen. Der „Befragte" wird aus den gleichförmigen Ausführungen herausgerissen – seine Aufmerksamkeit steigt.

7. Die Suggestivfrage

Eine besondere geschlossene Frageform ist die Suggestivfrage. Dem Gesprächspartner wird eine Ja-Antwort oder (weniger oft) eine Nein-Antwort „in den Mund gelegt" – suggeriert. Mit der Fragestellung sollen Gemeinsamkeiten hervorgehoben und bestätigt werden:

Die Kommunikation mit Kreditkunden 39

- „Sie wünschen sicher einen günstigen Auszahlungskurs?"
- „Sie wollen doch bestimmt jederzeit zusätzlich tilgen können?"
- „Sie setzen Ihre Lebensversicherung doch sicher zur Tilgung des Darlehens ein?"

Die Verwender von Suggestivfragen gehen ein Konfrontationsrisiko ein. Die Suggestion geht nicht immer wie erhofft auf: Der Kunde hat andere Vorstellungen. Suggestivfragen unterstreichen nur in seltenen Fällen eine partnerschaftliche Gesprächsatmosphäre. Sie sind oft ein äußeres Zeichen für Hochdruckverkäufe mit dem Ziel einer nur kurzfristigen Geschäftsverbindung.

8. Die Kontrollfrage

Kontrollfragen sind mit einem Thermometer vergleichbar: Sie dienen der laufenden Kontrolle, der Übereinstimmung zwischen den Gesprächspartnern. Sie können Widersprüche in Kundenaussagen aufdecken, Informationslücken orten, den Kenntnisstand des Fragenden absichern und (Teil-) Ergebnisse fixieren. Rechtzeitig gestellte Kontrollfragen ersparen Ihnen Zeit; sie vermeiden Doppelarbeit, Diskussionen über Nebensächliches und bringen klare Positionen – auch gegensätzliche Positionen! – ins Gespräch. Einige Beispiele:

- „Meinen Sie damit eine Risikoversicherung oder eine Kapitalversicherung?"
- „Sie sagten vorhin, daß ... und jetzt, daß ...?"
- „Was sollte ich Ihnen im Moment noch zu den Besonderheiten dieser Finanzierung erläutern?"

9. Die Gegenfrage

Mit einer Gegenfrage können Sie auf Kundenäußerungen, insbesondere auch auf provokative Fragen, schnell und steuernd antworten. Sicher haben Sie irgendwann einmal die Verhaltensempfehlung „Man antwortet nicht mit einer Gegenfrage" gehört. Für die Gesprächsführung kann diese Empfehlung nur Nachteile haben. Setzen Sie deshalb besonders freundliche Gegenfragen ein, zum Beispiel mit Namensnennung des Kunden, nach bedingten Zustimmungen (siehe Gesprächsförderer 8) oder verständnisvollen Formulierungen. Ein Beispiel:

Kunde: „Das ist für mich viel zu teuer."
Berater: „Herr Kunde, Sie sagen zu teuer. Womit vergleichen Sie diesen Finanzierungsvorschlag?"

Erinnern Sie sich an die Merkformel: Wer fragt – der führt (ein Gespräch). Fragen der Gesprächspartner kehren diese Aussage um: Wer gefragt wird – der wird geführt! Selbstverständlich können Sie Fragen nach Informationen sofort beantworten. Gegenfragen sind dann angebracht, wenn Sie erst noch eine Antwort überlegen müssen, angegriffen oder provoziert werden.

In der Abbildung 8 sind noch einmal alle Frageformen mit einem Beispiel zusammengestellt.

Frage	Beispiel
Offene Frage	Wie kann ich Ihnen helfen?
Geschlossene Frage	Kann ich Ihnen helfen?
Informationsfrage	Wer hat Ihnen geholfen?
Alternativ- oder Entscheidungsfrage	Soll ich Ihnen schon heute oder lieber in der nächsten Woche helfen?
Wenn-Dann-Fragesatz	Wenn ich Ihre Anschrift kenne, dann kann ich Sie besuchen und Ihnen helfen.
Rhetorische Frage	Wie sollen wir verbleiben? – Ich helfe Ihnen am besten bei ...
Suggestivfrage	Ich soll Ihnen doch sicher helfen?
Kontrollfrage	Wie kann ich Ihnen weiter helfen?
Gegenfrage	(Was soll das Schreiben? – Antwort:) Wie meinen Sie das?

Abb. 8: Frageformen

Setzen Sie die Palette der Frageformen situationsgerecht ein. Fragen Sie lieber mehrmals, bevor Sie sich einmal auf einen Irrweg begeben. Erinnern Sie sich immer an die Merkformel für die Kundenberatung:

Wer fragt – der führt! Wer gefragt wird – der wird geführt!

2.4 Die kundenorientierte Sprache

Da die meisten Menschen nach Anerkennung, Zuwendung sowie Belohnung streben, lautet eine wichtige Verhaltensregel für den Kundenkontakt und die Finanzierungsberatung:

 Verwenden Sie positiv wirkende Kommunikationsreize und vermeiden Sie bestrafend wirkende Kommunikationsreize!

Positive Reize können Namensnennung, Freundlichkeit, Blickkontakt, Zustimmungen, Lob, Unterstützung, Interesse, Dank, Höflichkeit und alle Ihnen bereits bekannten Gesprächsförderer und -steuerer sein. Bestrafende Reize sind Weghören, Arroganz, Nichtachtung, hohle Worte, Unaufmerksamkeit, falsche Namensnennung und die bekannten Gesprächsstörer.

Ihre Gesprächspartner reagieren sehr sensibel auf Kommunikationsreize. Auch keine sofort sichtbaren Reaktionen sind Reaktionen. Hätten Sie geeignetere Reizsignale gesendet, hätte Ihr Partner vielleicht reagiert, vielleicht sogar gelächelt. Die folgenden Elemente der kundenorientierten Sprache berücksichtigen diese Reiz-Reaktions-Zusammenhänge:

- Kundenorientierter Sprach-Stil
- Belohnende sprachliche Reize
- Aussprache, Betonung, Tempo
- Verständliche Formulierungen
- Positive Formulierungen
- Übersetzungsformulierungen

1. Kundenorientierter Sprach-Stil

Ihnen stehen fünf unterschiedliche Sprach-Stile (siehe Abbildung 9) zur Verfügung. Stellen Sie auch sprachstilistisch Ihre Kunden und Interessenten in den Mittelpunkt Ihrer Aussagen.

Die kundenorientierte Sprache verwendet deshalb häufig die Wörter „Sie", „Ihnen" und „Ihre". Die alleinige Anwendung des Sie-Stils wirkt sehr schnell schablonenhaft. Wechseln Sie deshalb situationsgerecht zwischen Sie-Stil, Ich-Stil und dem verbindenden Wir-Stil. Meiden Sie den unpersönlichen Man-Stil und den bankorientierten Wir-Stil.

Stil	Typische Begriffe	Wirkung
Man-Stil	man, es	unpersönlich, verallgemeinernd, wenig engagiert, unsicher
Wir-Stil	wir, unser Haus, Bank, Abteilung	verunsichernd, meinungslos, unpersönlich, amtsmäßig, bankorientiert
Ich-Stil	ich, mein, mir	überzeugend, direkt, aktiv, sicher, dynamisch
Sie-Stil	Sie, Ihnen, Ihre	persönlich, abschlußorientiert, nutzenorientiert, positiv
Wir-Stil	wir beide, wir gemeinsam, zusammen	verbindend, persönlich, vertraulich

Abb. 9: Sprachstile

2. Belohnende sprachliche Reize

Kommunikationspartner neigen dazu, auf belohnende Kommunikationsreize belohnend und auf bestrafende Kommunikationsreize bestrafend zu reagieren. Verwenden Sie deshalb im Kundenkontakt möglichst oft belohnende sprachliche Reize. Da der Kommunikationsalltag eher durch Bestrafungen geprägt ist – Befehle („Sie müssen", „Notieren Sie mal"), Füllwörter („eigentlich", „praktisch"), Konjunktive („Ich würde meinen wollen", „Man könnte"), Bestätigungsfloskeln („nicht wahr", „gell") und Störlaute („äh", „tja") -wirken Belohnungen umso stärker.

Belohnen Sie Ihre Gesprächspartner vor allem durch Namensnennung, Zustimmung, Anerkennung, Interesse, Engagement, Freundlichkeit und Höflichkeit. Verwenden Sie dazu die Gesprächsförderer und -steuerer sowie die Elemente der kundenorientierten Sprache dieses Abschnitts.

3. Aussprache, Betonung, Tempo

Artikulieren Sie Anfangs- und Endbuchstaben klar, sprechen Sie Vokale und Konsonanten deutlich aus und verschlucken Sie keine (End-)Silben -aber nicht übertreiben. Sprechen Sie besonders Wichtiges betonter. Gezielte Pausen sind ein Service für Ihre Gesprächspartner. Machen Sie spätestens dann eine kurze Pause, wenn Sie einen Gedanken abgeschlossen haben. Ihr Partner kann besser verstehen, verarbeiten, einen anderen Gedanken äußern oder zustimmen.

Betonungen heben Wörter hervor, Betonungen können die Aussage eines Satzes verändern. Betonen Sie deshalb die sinntragenden Wörter eines Satzes. Unterschiedliche Betonungen des gleichen Satzes führen zu unterschiedlichen Aussagen. Längere unbetonte Passagen wirken monoton und langweilig. Ein angenehmer Sprachrhythmus entsteht durch den Wechsel betonter und unbetonter Silben und Wörter.

Sprechen Sie in einem kontrollierten Tempo: Hast, Hektik und Ungeduld wirken unsicher und nervös. Langsames Sprechtempo läßt einen unkonzentrierten und unsicheren Eindruck entstehen und ermüdet Ihre Kunden. Geben Sie keinesfalls Ihre Natürlichkeit auf. Das Sprechtempo sollte zu Ihrem „Typ" passen.

4. Verständliche Formulierungen

Die richtige Satzlänge fördert die Verständlichkeit von Formulierungen. Kurze Sätze werden schneller und leichter erfaßt und bleiben besser in Erinnerung. Sprechen Sie nach der Richtlinie: Neue Aussage – neuer Satz. Wichtige Meinungen, Aussagen und vor allem Ergebnisse werden durch Wiederholungen und Zusammenfassungen transparenter.

Sprechen Sie Ihre Mundart – allgemein verständlich. Die landsmannschaftlich eingefärbte Sprache ist Teil Ihrer Persönlichkeit. Ihre Kunden wissen das zu schätzen. Wenn die Verständlichkeit Ihrer Sprache durch Ihre Einfärbung nicht leidet, wird sie nur wenige Kunden stören. Es ist nicht ratsam, die Einfärbung der Sprache je nach Kunde zu wechseln. Der ständige Wechsel belastet, gelingt nicht immer und führt zu peinlichen Situationen.

Wählen Sie korrekte und verständliche Wörter. Besonders verwirrend ist die Verwendung von Abkürzungen. Sicher waren auch Sie schon Opfer des „Aküfi"! Sie haben die Abkürzung bestimmt entschlüsselt: Abkürzungsfimmel.- Verwenden Sie möglichst nur allgemein bekannte Abkürzungen wie „AG" für Aktiengesellschaft, nicht aber „BIS" für Bankinformationssystem oder „KWG" für Kreditwesengesetz.

5. Positive Formulierungen

Sprechen Sie mit positiven Formulierungen zu Ihren Kunden und Interessenten. Positive Aussagen sind dynamischer und überzeugender als negative Formulierungen. Sie drücken eine positive, optimistische und gewinnende Lebenseinstellung aus. Pessimisten, Nörgler und Miesepeter gibt es genug, die bei einem halb gefüllten (und gleichzeitig halb geleerten!) Glas Bier „Oh, das Glas ist schon fast wieder leer", sagen, statt „Prima, das Glas ist noch halb voll".

Beide Aussagen ändern nichts am 50 % gefüllten Glas. Bedeutungsvoll ist die unterschiedliche Wirkung auf andere Menschen. Machen Sie aus Ihren „halbleeren" Formulierungen „halbvolle" Formulierungen. Sie sind die Basis für erfolgreiches Verkaufen. Aus „Die Geschäftsstelle ist nur vormittags geöffnet" wird zum Beispiel „Die Geschäftsstelle ist jeden Vormittag für Sie geöffnet".

Viele Fragen von Finanzierungskunden werden mit unüberlegten Antworten wie „Das ist kein Problem.", „Nein, das macht keine Schwierigkeiten." oder „Das ist unproblematisch." beantwortet. Sicher sind solche Antworten nicht falsch. Freundlicher, engagierter und kundenorienter klingen positive Antworten wie „Das erledige ich gerne für Sie ,", „Ja, das geht ,, oder „Gut, das funktioniert sicher.".

6. Übersetzungsformulierungen

Nicht jeder Kreditkunde beherrscht Ihre Fachsprache. Somit sind eine Reihe branchentypischer Begriffe unverständlich. Wörter wie „Bereitstellungsprovision" oder „Disagio" verunsichern; selbst bei grundsätzlichem Abschlußinteresse können Sie mit solchen Fachbegriffen Ablehnungen hervorrufen. Da Kunden, wie alle anderen Menschen auch, ihr „Gesicht" nicht verlieren wollen, reagieren sie mit Vorwänden wie „Das muß ich mir noch einmal überlegen".

Verständliche Übersetzungsformulierungen vermeiden den vorzeitigen Gesprächsausstieg aufgrund sprachlicher Überforderungen. Sie enthalten Elemente des Sie-Stils und ein Tätigkeitswort mit positivem Inhalt. Einige Beispiele für Übersetzungsformulierungen:

- „..., das bedeutet für Sie ..."
- „..., damit erreichen Sie ..."
- „..., das garantiert Ihnen ..."
- „..., dadurch sparen Sie ..."
- „..., das gewährleistet Ihnen ..."
- „..., das sichert Ihnen ..."

2.5 Die nichtsprachliche Kommunikation

Die kundenorientierte Kommunikation besteht aus sprachlichen und aus nichtsprachlichen Kommunikationsreizen. Da nichtsprachliche Kommunikationselemente nur sehr schwer sprachlich – also auch hier in der gedruckten Form – dargestellt werden können, beschränken wir uns auf einen kurzen Überblick.

So wie die sprachlichen Reize können die nichtsprachlichen Reize belohnenden oder bestrafenden Charakter aufweisen. Abbildung 10 zeigt Ihnen die wichtigsten nichtsprachlichen Belohnungen und Bestrafungen.

	Belohnung	Bestrafung
Blickkontakt	natürlicher Blick strahlende Augen offene, reagierende Augen Blickkontakt bei Namensnennung	kein Blickkontakt anstarrende Augen nervöser, unruhiger Blick Name ohne Blickkontakt
Mimik	freundliches Gesicht Lachen Lächeln hochgezogene Augenbrauen hochgezogene Mundwinkel	grimmiger Blick starrer Ausdruck Stirnfalten zusammengebissene Zähne heruntergezogene Mundwinkel
Gestik	Gruß- und Abschiedszeremoniell offene Gesten Präzisionsgeste Abwägegesten	Ablehnung des Handschlags erhobener Zeigefinger drohender Stift geballte Faust Ungeduldsgesten
Körperhaltung	offener Körper nach vorne gebeugt dem Kunden zugewendet Kopfnicken Erheben bei Gesprächsbeginn	verschlossener Körper zurückgebeugt dem Kunden abgewendet Kopfschütteln Sitzenbleiben bei Gesprächsbeginn
Distanzverhalten	Distanzzonen einhalten um Unterlagen und Einsichtnahme bitten	in Distanzzonen eingreifen Unterlagen einsehen, beschriften und bestempeln

Abb. 10: Nichtsprachliche Belohnungen und Bestrafungen

46   Die Kommunikation mit Kreditkunden

In der Körpersprache werden die nichtsprachlichen Kommunikationselemente zusammengefaßt: Blickkontakt, Mimik, Gestik, Körperhaltung und Distanzverhalten. Die Körpersprache ist nicht von der Sprache trennbar. Die Wahrnehmung Ihrer Gesprächspartner trennt nicht; sie umfaßt immer beide Elemente der Kommunikation, Sprache und Körpersprache. Sie sind in der Kundenberatung eine Einheit. Denken Sie deshalb immer an unsere Erfolgsregel:

 Verwenden Sie positive sprachliche und nichtsprachliche Kommunikationsreize und vermeiden Sie bestrafende sprachliche und nichtsprachliche Kommunikationsreize.

Kapitel 3

Das systematische Kreditgespräch

In Kapitel 3 geht es vor allem um:

- Vorbereitung und Eröffnung eines Kreditgesprächs
- Die Ermittlung der Bedürfnisse des Kunden und die Unterbreitung eines antsprechenden Angebots
- Den Geschäftsabschluß
- Die Verabschiedung als Teil der Kontaktsicherung und die Nachbereitung des Gesprächs

3. Das systematische Kreditgespräch

Durch einen systematischen Gesprächsaufbau erreichen Sie eine Reihe von wichtigen Zielen in der Beratung von Finanzierungskunden:

- Ein logischer Gesprächsaufbau und Ablauf begünstigt die Verständlichkeit,
- ein kundenorientierter Gesprächsaufbau respektiert die Wünsche und Vorstellungen der Kunden,
- ein ökonomischer Gesprächsaufbau nutzt die Zeit sinnvoll und
- ein abschlußorientierter Gesprächsaufbau forciert Geschäftsabschlüsse.

Natürlich wird es immer wieder Sondersituationen in Finanzierungsgesprächen geben, die zum Verlassen der Systematik verleiten. Dennoch macht es auch in diesen Gesprächen einen Sinn, die im folgenden dargestellten Ablaufschritte zu beachten. Die Systematik soll Sie nicht einengen, sondern eher als Orientierungshilfe für zielgerichtete Verkaufsgespräche dienen. Ein Vergleich mit einer Straßenkarte bietet sich an: Nicht immer ist es bei der Fahrt zu einem wichtigen Ziel notwendig, jeden Kilometer auf der Straßenkarte mitzuvorfolgen. Wenn aber Überraschungen auftauchen, dann hilft die Karte zur Orientierung, so wie ein systematischer Gesprächsablauf den Vertragsabschluß wahrscheinlicher macht.

3.1. Vor dem Gespräch

Ein systematisches Kreditgespräch durchläuft sechs Stufen, die im folgenden ausführlich dargestellt werden. Nicht immer werden alle Stufen bei einem Gesprächstermin durchschritten; oft sind dazu mehrere Einzelgespräche nötig.

1. Stufe: Die Gesprächseröffnung
2. Stufe: Die Bedarfsermittlung
3. Stufe: Das kundenspezifische Angebot
4. Stufe: Der Abschluß
5. Stufe: Der Zusatzverkauf
6. Stufe: Die Kontaktsicherung

Dieser Gesprächsaufbau hat sich in vielen Finanzierungsgesprächen bewährt. Er soll Sie nicht einengen oder gar unselbständig in der Kundenberatung machen, vielmehr soll er Ihnen zielgerichtete Gesprächsabläufe erleichtern. Sie können sich in diesem Schema frei bewegen. Jedes Gespräch verläuft neu und damit anders. Die Systematik läßt Ihnen genügend Freiräume für Ihre individuelle „Handschrift" in Ihrer Kundenberatung und -betreuung.

Die Reihenfolge der sechs Stufen schützt Sie vor Zeitvergeudung, insbesondere wenn Sie immer die Stufe 2 (= Bedarfsermittlung) vor der Stufe 3 (= kundenspezifisches Angebot) und 4 (= Abschluß) vornehmen. Kunden drängen ihren Finanzierungsberater oft zu schnellen und damit voreiligen Empfehlungen. Der persönliche Bedarf ist dann nur unvollständig oder gar fehlerhaft ermittelt. Das so hervorgelockte Finanzierungsangebot entspricht dann nicht immer den Vorstellungen der Kunden. Unvorbereitete Angebote – der Bedarf ist nicht vollständig ermittelt – können vereinzelt Kunden überzeugen; in vielen Gesprächen werden solche Angebote jedoch abgelehnt werden.

Gesprächsverhalten, das sich nach den sechs Stufen unserer Systematik richtet, schützt Sie vor voreiligen und nicht passenden Vorschlägen an Ihre Kunden. Diese Systematik soll Ihnen Sicherheit in Ihrer Gesprächsführung geben und Ihnen helfen, Ihre knapp bemessene Zeit erfolgreich einzusetzen. – Parallel dazu profitieren auch Ihre Kunden: Die sechs Stufen sind aus Kundensicht logisch und damit verständlich.

Gespräche mit Kunden können Sie vorbereiten: einen Teil individuell und einen anderen Teil allgemein. Fest vereinbarte Gespräche und Besuche bei Kunden lassen eine individuelle Vorbereitung auf den einzelnen Kunden zu. Die individuelle Gesprächsvorbereitung richtet sich auf verschiedene Bereiche:

- Informationen über den oder die Kunden,
- Informationen über die Geschäftsverbindung,
- Gesprächsziele und -teilziele sowie
- Unterlagen für das Gespräch.

Vorbereitete Gespräche laufen zügiger und damit zeitsparender als unvorbereitete Gespräche ab. Die Vorbereitung des Beraters wird von dessen Kunden geschätzt – der Berater drückt durch seine Vorbereitung Wertschätzung für seinen Kunden aus. Ein gut vorbereitetes Gespräch wird zudem weniger überraschende Momente enthalten. Sie verhandeln vorbereitet zielgerichteter, denn Sie kennen Ihre Gesprächsziele und haben Ihre Hilfsmittel einsatzbereit zur Hand, um diese Ziele zu erreichen.

3.2 Die Gesprächseröffnung

Das eigentliche Kreditgespräch beginnt nach der Gesprächsvorbereitung mit der Stufe „Gesprächseröffnung". Sie enthält die Begrüßung, das Kontaktthema und die Überleitung zur Stufe 2 (= Bedarfsermittlung).

Vor allem bei vollkommen neuen Kontakten spielen die ersten Momente, die Momente vor, bei und direkt nach der Begrüßung eine gesprächsbeeinflussende Rolle. So wie Sie schnell einen „ersten Eindruck" von Ihren Gesprächspartnern gewinnen, gewinnt Ihr Kunde sehr schnell einen individuellen Eindruck von Ihrer Person. Der erste Eindruck prägt sich gegenseitig ein. Richten Sie sich am besten nach der Orientierungslinie

 „Die Erwartungen der Finanzierungskunden kennen und gleichzeitig die eigene Individualität bewahren"

Gerade bei Finanzierungsgesprächen gefährden spontane Eindrücke eine offene und vorurteilsfreie Gesprächsatmosphäre: Wer kennt nicht die Aussage des Volksmundes „Kleider machen Leute". – Und schon können reine Äußerlichkeiten wie eine unkonventionelle Kleidung oder ein modischer Dreitagebart die Einstellung zu einem Kunden beeinflussen und die Abschlußwahrscheinlichkeit drücken. Natürlich gilt das auch in die Gegenrichtung, für die Wahrnehmungen Ihrer Kunden von Ihnen.

Die Begrüßung

Diese Begrüßung erwartet wahrscheinlich Ihr Kunde: Der Kunde kommt – bei einem offenen Beratungsplatz – auf Sie zu. Sie blicken ihn freundlich, nicht übertrieben, an und stehen von Ihrem Platz auf. Sie machen Ihre rechte Hand frei und reichen – bei einer Handreaktion – ihm die Hand zur Begrüßung und bieten ihm Platz an. Wenn Sie sich persönlich noch nicht kennen, stellen Sie sich vor und geben Ihrem Kunden Zeit, sich ebenfalls vorzustellen. Ihr Name bleibt in bester Erinnerung, wenn Sie mit der Vorstellung Ihre Visitenkarte überreichen.

Sprechen Sie Ihre Kunden schon bald mit Namen an. Wenn Sie den Kundennamen oder den Namen eines Begleiters nicht richtig verstanden haben, fragen Sie sofort nach: später wird es unangenehmer. Die Begrüßung kann durch Atmosphäre schaffende Erfrischungen abgerundet werden. Eine Kaffeetasse oder ein Glas kann im weiteren Gespräch Sicherheit vermitteln: Der Kunde hat die Möglichkeit, sich – im wörtlichen Sinne festzuhalten.

Zeigen Sie Ihrem Kunden durch Ihre Begrüßung, daß Sie jetzt nur für ihn da sind. Stellen Sie möglichst alle üblichen Störfaktoren ab: Das Telefon kann auf einen Kollegen oder eine Sekretärin umgeleitet werden; Gespräche mit Vorgesetzten und Kollegen (auch nur kurze Informationen oder Unterschriftsleistungen!), die der Kunde als unangenehme Unterbrechungen erlebt, werden zurückgestellt. Treffen Sie mit Ihrer Umgebung sinnvolle und praktikable Vereinbarungen – Ihr Kunde dankt es Ihnen.

Das Kontaktthema

Nach der Begrüßung sprechen Sie oder Ihr Geschäftspartner ein Kontaktthema an. Das Kontaktthema soll den weiteren Gesprächsverlauf positiv beeinflussen. Sie sprechen über Bereiche, die nicht unmittelbarer Gegenstand des Finanzierungsgesprächs sind. Anknüpfungspunkte aus dem Wohn-, Lebens- oder Geschäftsbereich des Kunden bieten sich an.

Visitenkarten geben oft den Gesprächsstoff für die einleitende Konversation – der Titel, der Wohnort, die Straße usw. Alles, was den Kunden bewegt, ist geeignet, als Kontaktthema angesprochen zu werden. Wenn dieses Thema noch einen Bezug zu Finanzierungen hat, wird es Ihnen besonders für den weiteren Gesprächsverlauf dienlich sein.

Kundennahe Themen sorgen in der Regel für eine angenehme Wellenlänge zwischen Kunde und Finanzierungsberater: Das neue Bauschild der mittelständischen Bauträgergesellschaft, Kinder und/oder Tiere beim Privatkunden oder die anstehende Messe bei größeren Firmen. Natürlich sind aktuelle Begebenheiten und auch abgeschlossene Objekte jeglicher Art dankbare Kontaktthemen. Je mehr Sie über Ihre Kunden wissen, desto geeignetere Themen werden Ihnen einfallen. Aus Kundensicht ist die Zinsentwicklung das Top-Thema: schon fast ein Bestandteil des Finanzierungsgesprächs im engeren Sinne.

Einige Themen sind bei der Kontaktaufnahme weniger geeignet: Religion, Politik, Grundeinstellungen (z. B. Anti-Raucher, Vegetarier usw.) und Gesundheit. Diese Themenkreise kosten sehr viel Zeit und erzeugen oft ein Gegeneinander statt des erwünschten konstruktiven Gesprächsklimas. Offensichtliche und vorübergehende Krankheiten sollten Sie bemerken (z. B. das Bein in Gips); ein Nichtbemerken könnte als Zeichen der Gleichgültigkeit ausgelegt werden.

Freuen Sie sich, wenn Ihre Kunden Ihnen Kontaktthemen unaufgefordert als Gesprächseinstieg vorgeben. Greifen Sie solche Themen, auch mit unangenehmen Inhalten, sofort auf. Meiden Sie allerdings Allerweltsthemen wie das Wetter, die banale Frage „Wie geht's?" oder Bewertungen. Sprechen Sie Kontaktthemen wertfrei, am besten mit offenen Fragen, an. Sie vermeiden die Gefahr von Konfrontationen durch unterschiedliche Wertungen.

Die Überleitung zur Bedarfsermittlung

Das Kontaktthema sollte das Gespräch nicht dominieren. Warten Sie deshalb nicht auf Überleitungen zur Bedarfsermittlung durch Ihre Kunden. Werden Sie selbst initiativ mit offenen Fragen wie

- „Was kann ich für Sie tun?",
- „Worüber sollten wir heute sprechen?" oder
- „Wie kann ich Ihnen heute helfen?".

Sie fordern durch diese offenen Fragen den Kunden deutlich auf, seine Wünsche zu nennen. Er wird jetzt bestimmt Ihrer Aufforderung folgen und seine Wünsche darstellen. Sie haben ihm durch Ihre gezielte Gesprächseröffnung seine Unsicherheit zu Beginn des Gesprächs genommen. Durch Ihre Fragen haben Sie gleichzeitig ein deutliches Zeichen gesetzt: Sie stellen die Fragen und führen damit das weitere Gespräch.

3.3 Die Bedarfsermittlung

Die exakte Ermittlung des Finanzierungsbedarfs ist Voraussetzung für ein erfolgreiches Kreditgespräch. Nicht alle Kunden sehen die große Bedeutung dieser Gesprächsstufe. Sie erwarten und wünschen ohne lange „Fragerei" Finanzierungsvorschläge des Kreditberaters. Das gezielte Fragen nach persönlichen Verhältnissen und Möglichkeiten wird gar als Neugierde und Zeitverschwendung empfunden.

54 Das systematische Kreditgespräch

Diese negativen Eindrücke vermeiden Sie, wenn Sie Ihren Kunden eine Begründung für Ihre Fragen, demnach eine Begründung für Ihre Bedarfsermittlung, geben:

- „Ich benötige von Ihnen einige Angaben, um Ihnen ein persönliches Kreditangebot zu unterbreiten ...",
- „Wenn ich Ihre Vorstellungen zu dieser Finanzierung kenne, kann ich Ihnen ein maßgeschneidertes Angebot unterbreiten." oder
- „Damit ich Ihnen das günstigste Finanzierungsangebot ausarbeiten kann, benötige ich von Ihnen einige Informationen und Unterlagen."

Verbinden Sie die Begründungen für die Bedarfsermittlungen immer mit Vorteilen für Ihre Kunden. Sprechen Sie am besten von einem „persönlichen Angebot", „maßgeschneiderten Angebot", „passenden Angebot" oder „günstigen Angebot". Ihr Kunde wird jetzt der Bedarfsermittlung eher zustimmen, da er Vorteile für sich erwarten kann. Nach der Begründung für die Bedarfsermittlung und der Zustimmung des Kunden beginnt dann die Bedarfsermittlung im engeren Sinne.

Umfassende Informationen von Kreditnehmern sind eine notwendige Voraussetzung für ein gutes und erfolgreiches Beratungs- und Verkaufsgespräch. Deshalb:

 Zeigen Sie Neugierde gegenüber Kunden!

Das gilt sowohl bei der Bedarfsermittlung als auch in anderen Gesprächsabschnitten wie zum Beispiel beim Zusatzverkauf oder der Kontaktsicherung. Damit ist nicht unbedingt penetrante Neugierde mit Ausfragen und Ausspionieren gemeint; es ist eine ‚gesunde' aufwertende Neugierde mit (geschäftlichem) Interesse am Kunden gemeint.

Positive Neugierde wird vor allem durch Formen des aktivierenden Zuhörens ausgedrückt:

- „Ich bin ganz gespannt: Frau Kaiser, was haben Sie vor?"
- „Herr Schneider, bitte erzählen Sie."
- „Wie sehen Ihre Pläne in nächster Zeit aus?"

Die eher richtungsfreien Zeichen des Interesses sind eine solide Grundlage für die folgenden konkreten Schritte der Bedarfsermittlung.

Sie werden in Finanzierungsgesprächen fast immer Antworten auf vier Fragerichtungen benötigen. Wir wollen diese Fragen „die vier zentralen Fragen" nennen (siehe Abbildung 11). Erst wenn Ihr Kunde Ihnen sowohl die Mengen-, die Zeit- und die Grundlagen- als auch die Wunschfragen beantwortet hat, können Sie zur nächsten Stufe des Kreditgesprächs übergehen.

Häufiger werden Sie mit Kundenäußerungen wie „So genau habe ich mir das nicht überlegt" oder „Ich wollte mich erst nur einmal informieren" konfrontiert. Lassen Sie sich keinesfalls dadurch von Ihrem Weg abbringen. Halten Sie Ihre erfolgreiche Systematik ein. Wiederholen Sie Ihre Begründungen für Ihre Bedarfsermittlung, wenn Sie keine Antworten erhalten. Vertiefen Sie die zentralen Fragen, wenn Sie widersprüchliche oder unvollständige Antworten erhalten.

1. Mengen-Frage		„Wie hoch ist der Finanzierungsbetrag?" „Welchen Betrag benötigen Sie?"
2. Zeit-Frage		„Für welchen Zeitraum möchten Sie die Finanzierung vereinbaren?" „Wann soll der Betrag ausgezahlt werden?"
3. Grundlagen-Frage		„Welche Verbindlichkeiten bestehen bereits?" „Was wissen Sie schon über ... (Kreditform)?"
4. Wunsch-Frage		„Welche Vorstellungen haben Sie?" „Auf was legen Sie besonderen Wert?"

Abb. 11: Zentrale Fragen zur Bedarfsermittlung

Handelt es sich um ein erstes Informationsgespräch, können Sie von der Systematik abweichen: Bieten Sie eine bewußt kurz gehaltene Übersicht über entsprechende Finanzierungsmöglichkeiten. Klären Sie dann genau das Ziel der Beratung mit Ihrem Kunden ab. Dazu eignen sich Fragen wie:
- „Was ist für Sie heute besonders wichtig?"
- „Was sollten wir heute auf alle Fälle klären?"
- „Welche Informationen benötigen Sie heute von mir?"

Sprechen Sie dann das weitere Verfahren mit Ihrem Kunden ab. Vereinbaren Sie konkret die nächsten Schritte der Zusammenarbeit. Ein Beispiel für eine solche Vereinbarung:

■ „Ich halte dann noch einmal fest: Sie überprüfen den exakten Kaufpreis bis zum 10. des nächsten Monats und die Verkaufsbereitschaft. Ich rufe Sie am Freitag gegen 10 Uhr an und wir können dann die exakte Finanzierung besprechen. Eine Finanzierung ist auf dieser Basis grundsätzlich möglich."

Sind die vier zentralen Fragen aus Ihrer Sicht vollständig vom Kunden beantwortet, setzen Sie gezielt den Gesprächsförderer Zusammenfassen ein. Sie erwarten eine vollständige Bestätigung Ihrer Zusammenfassung des Kundenwunsches. Ungenauigkeiten, Doppeldeutigkeiten und Mißverständnisse können frühzeitig ausgeräumt werden. Sie legen mit einer Zusammenfassung und der Bestätigung durch den Kunden die Basis für ein kundenspezifisches Finanzierungsangebot. Nebenbei gewinnen Sie mit dieser Vorgehensweise Klarheit und Zeit für beide Seiten.

3.4 Das kundenspezifische Angebot

Kreditinstitute bieten eine breite Palette von Finanzierungen an; bei Ihrem Kunden haben Sie einen individuellen Kreditbedarf ermittelt. Mit der 3. Stufe des systematischen Kreditgesprächs, dem kundenspezifischen Angebot, schlagen Sie die Brücke vom individuellen Kundenwunsch zum konkreten Finanzierungsangebot. Sie wählen eine Leistung aus, die den Wünschen und Vorstellungen Ihres Kunden entspricht. Sie zeigen Ihre Stärke als Kreditberater, wenn Sie auf Anhieb die passende Angebotsschublade ziehen.

Für viele Kundenwünsche kommt nur ein einziges Finanzierungsangebot in Frage, hie und da können es auch zwei ähnliche Finanzierungen sein. Sollten Sie eine Reihe von Vorschlägen machen, verlassen Sie unsere Systematik des Kreditgesprächs. Sie haben wahrscheinlich den Bedarf des Kunden unvollständig erfragt, und damit könnten mehr als ein oder zwei Vorschläge passen. – Bevor Sie mehrere Finanzierungsvorschläge machen, gehen Sie besser einen Schritt in der Gesprächssystematik zurück: Vertiefen Sie die Bedarfsermittlung und fassen Sie den Finanzierungswunsch noch einmal – vollständig und richtig – zusammen.

Der zielgerichtete Weg zum Abschlußerfolg besteht aus einer detaillierten Bedarfsermittlung und einem passenden Angebot. Wer erst Angebote unterbreitet und dann fragt „Sagt Ihnen das zu?" wirft Pfeile auf seinen Kunden: Pfeile können ihr Ziel treffen, doch nicht jeder ist Meister im Pfeile-

Das systematische Kreditgespräch 57

werfen. Die Pfeile werden dann nur teilweise in den Zielbereich (= Wunschbereich des Kunden) treffen. Der Kunde äußert Einwände, das Kreditgespräch wird schwieriger. Loten Sie das Zielgebiet Ihrer Angebote, die Kundenvorstellungen aus und Ihr Angebot erreicht sicher Ihren Kunden.

3.4.1 Die Erläuterung des Angebots

Leiten Sie mit bewußt gewählten Formulierungen von Stufe 2 (= Bedarfsermittlung) zur Stufe 3 (= kundenspezifisches Finanzierungsangebot) über. Drücken Sie deutlich aus,

- (1) daß Sie Ihrem Kunden gut zugehört haben,
- (2) daß Sie ihm die Entscheidung überlassen,
- (3) daß Sie selbst von Ihrem Angebot überzeugt sind und
- (4) daß es ein kundenspezifisches, ein individuelles Angebot für ihn ist.

Aus diesen vier Anforderungen ergeben sich dann beispielsweise die folgenden Formulierungen für den Einstieg in die Angebotserläuterung:

- „Herr Müller, dann (1) empfehle (2) ich (3) Ihnen (4) ..."
- „Bei Ihren Vorstellungen (1), Frau Schneider, schlage (2) ich (3) Ihnen (4) vor ..."
- „In Ihrer Situation (1) rate (2) ich (3) Ihnen (4) zu ..."

Erwähnen Sie am Ende dieses Einleitungssatzes die genaue Bezeichnung des Finanzierungsangebots, zum Beispiel „... das XY-Bank-Hypothekendarlehen", „... den Z-Bank-Modernisierungskredit" oder das „...V-Kasse-Anschaffungsdarlehen". Legen Sie dann eine kleine Pause ein, und schauen Sie Ihren Kunden auffordernd, aber ohne eine verbale Äußerung, an. Fast alle Kunden stellen jetzt die Frage:

- „Was ist ein ...?" oder
- „Was bringt mir ein ...?"

oder eine ähnliche Frage. Diese Fragen spiegeln das Kundeninteresse an Ihrem Angebot wider. Die Gesprächssituation dreht sich deutlich zu Ihren Gunsten: Nicht Sie wollen Ihr Kreditangebot darstellen, sondern Ihr Kunde wünscht nähere Erläuterungen zu der angedeuteten Finanzierung.

Sollte Ihr Kunde die Interessensfrage überraschenderweise einmal nicht stellen, können Sie eine Suggestivfrage einsetzen:

„Sie fragen sich jetzt sicher, was Ihnen eine ... bringt?"
Wenn Sie den Bedarf des Kunden richtig ermittelt haben und Ihr Vorschlag diesen Bedarf auch abdeckt, werden Sie ein sicheres „Ja" als Antwort erhalten. Auf das „Ja" folgt, wie auf die Kundenfrage, die kundenspezifische Erläuterung Ihres Finanzierungsvorschlages.

Da Sie aus der Bedarfsermittlung die Vorstellungen und Anforderungen der Kunden kennen, verbinden Sie die Merkmale der Angebote mit kundenbezogenen und damit individuellen Aussagen. Aus einem standardisierten Finanzierungsangebot entsteht über Ihre kundenorientierten Formulierungen ein individuelles, kundenspezifisches Finanzierungsangebot. Abbildung 12 zeigt Ihnen in einer Gegenüberstellung standardisierte wenig verkaufswirksame und wirkungsvolle, kundenspezifische Angebotserläuterungen.

Standardisierte Erläuterungen	Kundenspezifische Erläuterungen
„Die Zinsen sind fünf Jahre festgeschrieben."	„Der Zinssatz ist Ihnen für volle fünf Jahre garantiert."
„Die Überweisung erfolgt automatisch."	„Sie nannten den Wunsch, daß Sie sich um nichts mehr kümmern möchten. Genau das erreichen Sie mit der ... -Finanzierung."
„Der Mindestbetrag lautet DM 100.000."	„Sie können jeden Betrag über DM 100.000 mit ... finanzieren."
„Die Auszahlung beträgt 97 Prozent."	„Sie können durch den Auszahlungskurs von 97 Prozent sofort eine Menge Steuern sparen."
„Die Kreditrate liegt dann bei 1.875 Mark."	„Wie von Ihnen gewünscht liegt die Leistungsrate mit 1.875 Mark deutlich unter 2.000 Mark."

Abb. 12: Angebotserläuterungen

Die kundenspezifische Erläuterung des Finanzierungsangebotes zielt schon stark auf den erfolgreichen Abschluß – Stufe 4 des systematischen Kreditgespräches. Voraussetzungen sind

- aktivierendes und genaues Zuhören,
- die gezielte Bedarfsermittlung mit anschließender Zusammenfassung,

- die Zustimmung des Kunden auf die Zusammenfassung und
- Notizen über die Vorstellungen des Kunden

in der zweiten Gesprächsstufe. Argumente, die an den Interessen Ihrer Kunden vorbeigehen, entsprechen Eigentoren im Fußball. Sie belasten den Gesprächsablauf und erschweren den erfolgreichen Geschäftsabschluß.

Der häufigste Fehler in der Gesprächssystematik ist das oben schon erwähnte Pfeilewerfen. Ein oder mehrere Angebote werden unterbreitet, bevor die Kundenwünsche klar und vollständig erfragt wurden. Das sicherste Kennzeichen für die verfrühte Angebotsabgabe sind Fragen, die der Berater bei der Erläuterung seines Angebots an seinen Kunden nachschieben muß.

Beschränken Sie sich auf wenige Angebote, im Normalfall auf ein Finanzierungsangebot je ermitteltem Bedarf. Damit weisen Sie sich als routinierter und kundenorientierter Berater aus. Sie handeln ökonomisch da Sie Zeit sparen, Sie handeln erfolgsorientiert – da Sie die Abschlußwahrscheinlichkeit erhöhen, Sie handeln im Kundeninteresse – da Sie Ihre Kunden nicht durch eine Vielzahl von Angeboten und Einzelheiten überfordern. Weniger ist hier Mehr! Gute Finanzierungsberater besitzen Kenntnisse über viele Finanzierungsangebote; sie wählen gezielt für den Kunden das passende Angebot aus und erläutern es kundenspezifisch.

3.4.2 Die Demonstration

Mit der Erläuterung Ihres Finanzierungsangebots sprechen Sie nur einen Aufnahmekanal Ihres Kunden an – das Ohr. Setzen Sie für das Auge zusätzlich Demonstrationsmittel ein: Prospekte, Übersichten, Formulare, Verkaufshilfen, Beispielrechnungen, Tabellen, graphische Darstellungen. Sie steigern damit die Verständlichkeit Ihrer Äußerungen und erhöhen die Behaltenswerte bei Ihren Kunden. Denken Sie an den Volksmund „Was du schwarz auf weiß hast, kannst du getrost mit nach Hause nehmen".

Achten Sie einmal auf die Reaktionen Ihrer Kunden, wenn Sie Demonstrationsmaterial auf den Beratungstisch legen. Ihre Kunden werden umgehend auf die Unterlagen schauen. Die Augen werden von Ihnen durch die Demonstration gebunden, häufig geht sogar der Oberkörper auf die

Unterlage zu. Die Informationen der Demonstrationsmittel gehen „in das Auge" und damit „in den Sinn".

Die Demonstration von Finanzdienstleistungen ist bei vielen Angeboten nur über Hilfskonstruktionen möglich. Ein Autoverkäufer kann sein neuestes Modell vorführen, einen Füller können Sie sogar vor dem Erwerb testen (Schreibprobe). Bei Finanzierungsangeboten sind Ihre Demonstrationsmöglichkeiten begrenzt. Prospekte und andere Verkaufshilfen ersetzen die Warenprobe oder das Vorführmodell.

Besonders wirkungsvolle Demonstrationsmittel sind datenverarbeitungsgestützte Ausdrucke mit individuellen Finanzierungsberechnungen. Der Kunde erhält in der Regel eine komplette Übersicht über seine Finanzierung: Berechnung des Finanzierungsbedarfs, detaillierter Finanzierungsvorschlag, Zins- und Tilgungsplan über Festzins- oder gesamte Finanzierungszeit, Finanzaufwand mit Steuervorteilen usw.

Für den Einsatz von Demonstrationsmitteln im Kreditgespräch haben sich einige Grundsätze bewährt:

Nicht gleichzeitig zeigen und sprechen

Wenn Sie gleichzeitig demonstrieren und sprechen, nimmt Ihr Kunde gegensätzliche Informationen auf: Entweder hört er vorwiegend zu oder er schaut sich vorwiegend das Demonstrationsmaterial an. Lassen Sie ihn am besten erst hören, und anschließend zeigen Sie ihm die entsprechenden Informationen als Verstärker. Auch wenn diese Vorgehensweise auf den ersten Blick Zeit kostet, erspart Sie Ihnen Zeit durch die bessere Verständlichkeit.

Informieren Sie sich über die Inhalte Ihrer Hilfsmittel

Wenn Sie Prospektinhalte, Beispielberechnungen und Tabellen nicht bis in Einzelheiten kennen, wie wollen Sie dann diese Demonstrationsmittel verkaufsfördernd einsetzen? Welchen Eindruck hinterlassen Sie, wenn Sie im Gespräch die Inhalte Ihrer Prospekte noch schnell nachlesen müssen? Arbeiten Sie vor dem Einsatz Ihre Hilfsmittel intensiv durch. Überlegen Sie auch schon rechtzeitig, welche Informationen für den Kunden besonders werthaltig sind.

Das systematische Kreditgespräch 61

 Verwenden Sie pro Angebot nur ein Demonstrationsmittel

Wenn Sie viele Prospekte und sonstige Materialien unaufgefordert nach dem Motto „Es kann ja nichts schaden" – überreichen, verliert die einzelne Unterlage ihre Wirkung. Sie geht in der Masse unter, denn nur wenige Kunden sind bereit, viele Prospekte zu studieren. Viele Hilfsmittel wirken auf Kunden verwirrend; das Ziel, verkaufsfördernde Gesprächsunterstützung, wird schnell verfehlt. Klären Sie deshalb am besten auch den Bedarf an Demonstrationsmitteln mit Ihren Kunden ab.

 Machen Sie Ihre Hilfsmittel „persönlich" und „werthaltig"

Wenn Sie Demonstrationsmaterial wie Prospekte ohne individuelle Ergänzungen übergeben, verzichten Sie auf einen wesentlichen Teil Ihrer Überzeugungsmöglichkeiten. Eine breite Palette von Ergänzungen macht Standardisiertes persönlicher und werthaltiger; Unterstreichen Sie, kreuzen Sie an, markieren Sie durch Leuchtstifte, heben Sie Aussagen durch Umkreisen hervor, ergänzen Sie Prospekte durch persönliche Zahlen und Angaben sowie durch Namen und Telefonnummern.

 Verwenden Sie Übersichten

Wenn Sie Übersichten und Sammelprospekte (z. B. „Finanzierungen für Privatkunden", „Gewerbekredite auf einen Blick", „Finanzierungen von A bis Z", „Unser Baufinanzierungsprogramm", „(Finanzierungs-)Angebote zur Zusammenarbeit") zur Verfügung haben, verwenden Sie diese bevorzugt bei Erstgesprächen zusätzlich zu den Produktprospekten. Bitten Sie Ihre Kunden, daß sie die Übersichtsprospekte zu ihren Unterlagen nehmen. Kreuzen Sie bereits genutzte Leistungen an, ergänzen Sie Ihren Namen, Telefondurchwahl und (Bank-)Adresse oder heften Sie Ihre Visitenkarte an.

 Verwenden Sie aktuelle Demonstrationsmittel

Wenn Sie einen nachhaltig positiven Eindruck hinterlassen wollen, ist aktuelles Material notwendig. Sie vermeiden Doppelarbeit und späteren Ärger. Wie wirkt ein Prospekt, in dem die Zinssätze auf dem Stand des Vorjahres sind? Welchen Eindruck hinterlassen gedruckte Hinweise mit überholten Steuersätzen oder gar Steuergesetzen? Sollten aktuelle Hilfsmittel für einen bestimmten Zweck nicht vorhanden sein, notieren Sie am besten die entsprechenden Informationen.

 Zeigen Sie Muster

Wenn sich Ihnen die Möglichkeit bietet, machen Sie Ihr Finanzierungsangebot für Ihre Kunden im engsten Wortsinn begreifbar. Das Wort „begreifen" kommt vom körperlichen Anfassen, das heißt Begreifen eines Gegenstandes. Hier bieten sich Musterverträge, Musterurkunden und Musterkontoauszüge sowie Kontoabrechnungen an.

 Setzen Sie Graphiken und Tabellen ein

Wenn Sie Zahlenübersichten, Tabellen und Graphiken zeigen, erleichtern Sie das Verständnis. Mit unterstützenden Erläuterungen begreift Ihr Kunde häufig „auf den ersten Blick". Ergänzen Sie allgemein gehaltene Graphiken und Tabellen mit den persönlichen Zahlen für Ihre Kunden. Setzen Sie gezielt auch krumme Finanzierungsbeträge ein. Die Identifikation mit dem maßgeschneiderten Beispiel steigt. Listen Sie nicht nur Zahlenkolonnen auf. Wirksamer sind Kurven, Kreise, Säulen und Balken, denn: Ein Bild sagt oft mehr als tausend Worte.

 Fertigen Sie für Ihre Kunden Gesprächsnotizen an

Wenn Sie kein geeignetes Demonstrationsmittel zur Verfügung haben, verzichten Sie nicht sofort auf die Demonstration, denn: Reden ist Silber, Zeigen ist Gold! Nehmen Sie einen neutralen Notizzettel oder einen Geschäftsbogen. Ergänzen Sie Ihr „Beratungsblatt" oder den „Finanzierungsvorschlag" mit Ihrem Namen, Ihrer Telefonnummer und Ihrer Anschrift sowie mit allen wichtigen Informationen für Ihre Kunden. Machen Sie sich eine Kopie (für folgende Gespräche) oder einen Durchschlag. Ihr Kunde wird diesen individuell erstellten Prospekt als Gedankenstütze gerne mit nach Hause nehmen. Vergessen Sie nicht, das Datum des Beratungstages zu vermerken, vor allem bei stichtagsbezogenen Konditionenangaben.

Achtung! Eine oft verwendete Verhaltensweise mindert Ihre Erfolgschancen bei der Demonstration: Sie geben Ihrem Kunden einen Prospekt mit der Bitte, ihn in Ruhe zu lesen, um dann in einigen Tagen noch einmal zu Ihnen zu kommen. Oft warten Sie vergebens, denn Sie verschieben die Aktivität für die Gesprächsfortsetzung auf den Kunden. Sie verlieren eine gute Abschlußchance.

Die Demonstration für den Kunden hat noch einen großen arbeitstechnischen und verkäuferischen Vorteil: Das Original geht an den Kunden und eine Kopie oder Durchschrift verbleibt beim Finanzierungsberater. Dieses Zweitexemplar kann als Unterlage in ein Wiedervorlagesystem gehen und einen hohen Aufforderungscharakter für geziele Nachfaßaktivitäten geben. Beide Beteiligte haben den gleichen guten Informationsstand auch noch nach Tagen oder Wochen für ein Fortsetzungsgespräch.

3.4.3 Die Einwandbeantwortung

Was wäre ein verkaufsorientiertes Kreditgespräch ohne Einwände? Hemmnisse vor der Abschlußentscheidung, die der Kunde nennt, bezeichnen wir als Einwände. Unerfahrene Berater empfinden Einwände schnell als Zeichen der Ablehnung gegen das Kreditinstitut, die eigene Person und/oder die vorgestellte Bankleistung. Solche Berater werden ängstlich und verlieren den Glauben an einen erfolgreichen Abschluß. Mit solch pessimistischen Reaktionen auf Einwände leidet die Dynamik und die Überzeugungskraft.

Warum äußern Kunden Einwände?

Der Kunde ist vielleicht nur teilweise überzeugt worden. Ihm könnten Informationen fehlen. Vielleicht sind seine Wünsche nicht gezielt genug angesprochen worden oder er hat zuvor schon einen anderen Entschluß gefaßt. Manchmal ängstigt er sich auch nur vor der bevorstehenden Abschlußentscheidung – er hat Entscheidungs- und damit Abschlußangst.

Diese und ähnliche Voraussetzungen für das Äußern von Einwänden signalisieren Ihnen, daß eine gute Chance zum Abschluß vorliegt. Wäre Ihr Gesprächspartner gänzlich desinteressiert, würde er keinen Einwand formulieren. Er würde Ihnen eine klare Absage, ein „Nein" formulieren. Damit sind Einwände kein Grund für eine pessimistische Einstellung. Sie sind eher ein Wegweiser, der Sie optimistisch stimmen sollte. Nehmen Sie Einwände als Zeichen des Kundeninteresses an mehr oder anderer Information und als persönliche Herausforderung, denn:

Überzeugende Einwandbeantwortungen führen zu erfolgreichen Geschäftsabschlüssen

Reagieren Sie deshalb auf Einwände freundlich und dankbar. Zeigen Sie Verständnis und signalisieren Sie bedingte Zustimmungen (siehe Gesprächsförderer 8). Geben Sie anschließend einen Impuls an den Kunden zurück. Der Impuls kann eine Frage, aber auch ein Argument oder die persönliche Meinung sein. Bewährte Formen der Einwandbeantwortung berücksichtigen diese Anforderungen.

Einwandbeantwortung – Weg 1: Vorwegnehmen

Einige Einwände sind Ihnen schon während des Kreditgespräches bekannt, noch lange bevor sie von Ihren Kunden ausgesprochen werden. Es sind die „üblichen" Einwände, die von fast jedem Kunden auf bestimmte Vorschläge vorgebracht werden. Solche Einwände können Sie sich ersparen, wenn Sie die Einwände vorher selbst beantworten.

Sie vermeiden mit dem Vorwegnehmen spätere Konfrontationen mit dem Kunden. Sie bestimmen den Zeitpunkt und die Formulierung des Einwandes. Ihr Kunde bemerkt Ihr Bemühen um Offenheit, indem Sie neben den Vorteilen auch auf die Nachteile von Finanzdienstleistungen hinweisen. Sie gewinnen dadurch Vertrauen und der Einwand verliert gleichzeitig an Bedeutung.

Mit wachsender Erfahrung kennen Sie die Einwände, die Sie bei bestimmten Finanzierungen und Kundengruppen zu erwarten haben. Beantworten Sie diese Einwände, bevor sie als Einwand den Geschäftsabschluß stärker gefährden können. Sie sparen nebenbei Zeit und zusätzliche Anspannung. Typische Formulierungen:

- „Einige Kunden haben mich nach ... gefragt ..."
- „Manchmal höre ich die Frage ..."
- „Oft wird ... angesprochen."

Einwandbeantwortung – Weg 2: Zurückstellen

Sie trennen auch mit dem Zurückstellen den Zeitpunkt der Einwandäußerung von der Einwandbeantwortung. Es ist sinnvoll Einwände zurückzustellen, wenn

- durch den weiteren Gesprächsverlauf der Einwand entfällt,
- der Einwand nicht in den Gesprächsrahmen paßt,
- der Einwand im Moment nicht beantwortet werden kann,
- der Einwand nur teilweise beantwortet werden kann und ein Spezialist herangezogen werden muß,
- die Antwort Ihre Argumentation im Moment belasten würde (ungünstiger Zeitpunkt),
- Ihre Antwort für den Kunden unbefriedigend ausfallen oder gar als Ausrede wirken würde, und
- Ihre Beantwortung zu einer Konfrontation mit Ihrem Kunden führen könnte.

Das Zurückstellen wirkt auf den Kunden besonders überzeugend, wenn Sie sich den Einwand notieren und um Zustimmung zur späteren Beantwortung bitten. Kommen Sie auf alle Fälle im Verlauf des Finanzierungsgesprächs auf den zurückgestellten Punkt zurück. Sie weisen sich als zuverlässiger Gesprächspartner aus – Sie schaffen Vertrauen. Selbst wenn sich durch den Gesprächsverlauf der Einwand beantwortet, lohnt sich das erneute Aufgreifen des Einwands durch Sie. Zum Beispiel:

- „Ist dadurch Ihre Frage zu ... beantwortet?"

oder

- „Habe ich Ihnen jetzt die gewünschten Informationen gegeben?".

In vielen Situationen wird der Einwand gemeistert sein, hie und da werden Sie eine zusätzliche Antwort geben. Mit der Technik „Zurückstellen" bestimmen Sie den günstigsten Zeitpunkt für Ihre Antwort. Sie können diese Technik in fast allen längeren Gesprächen anwenden. Achten Sie darauf, daß Sie in jeder Beratung nur wenige Male die gleiche Technik einsetzen. Fragen Sie abschließend, ob noch ein Punkt offen ist – Sie schaffen mit dieser Frage erneut Vertrauen.

Einwandbeantwortung – Weg 3: Überhören

Bei einer Reihe von Einwänden liegt es nahe, eine Antwort zu vermeiden. Sie können dann die Technik „Überhören" auch mit einem neuen Gesichtspunkt oder mit einem Themenwechsel verbinden. Gründe für das Überhören sind:

- Bemerkungen des Kunden, die eindeutig am Kern des Finanzierungsgesprächs vorbeigehen,

- Äußerungen mit harten Spitzen und Ironie sowie Ausreden,
- allgemeine Bemerkungen über die Kreditwirtschaft, andere Kreditinstitute und Leistungen von Mitbewerbern und
- Bemerkungen (mit fragendem Charakter) über andere Kunden.

Einige Kunden steigern ihre Fragen und/oder aggressives Verhalten als Reaktion auf das Überhören. Sie empfinden Nichtbeachtung und dieses Gefühl fördert aggressives Verhalten. Spätestens mit der Wiederholung des Einwands zwingt Ihr Kunde Sie, eine andere Technik einzusetzen. Die folgenden unterschiedlichen Formen auf der Basis der bedingten Zustimmung bieten sich dann an.

Einwandbeantwortung – Weg 4: Fragen

Fragen stellen und alle weiteren hier dargestellten Methoden der Einwandbeantwortung haben Zustimmungsformen als Grundlage, da selbst schlüssige und überzeugende Antworten ohne vorherige Zustimmung eskalierend wirken können. Zustimmungen sind für den Kunden belohnende Kommunikationsreize. Sie mildern insbesondere aggressives und provozierendes Verhalten. Abbildung 13 gibt Ihnen einen Überblick über Zustimmungsformen mit Formulierungsbeispielen.

1. Direkt zustimmen
- „Ja, das ist richtig."
- „Das stimmt so."
- „Mhm, da haben Sie recht."

2. Mit Verständnis zustimmen
- „Ich kann Ihre Äußerung verstehen."
- „Ich verstehe ... (Sie, Ihren Wunsch, Ihre Frage)."
- „Dafür habe ich Verständnis."

3. Dankend zustimmen
- „Vielen Dank für ... (Ihren Hinweis, offenes Wort)."
- „Ich danke Ihnen, daß ..."
- „Herzlichen Dank für ..."

4. Umformuliert zustimmen
- „Ja, ich sehe die Frage ... auch so."
- „Den Kern Ihrer Aussage teile ich."
- „Den Hinweis nehme ich gerne auf. Es ..."

5. *Indirekt zustimmen*
   - „Wie Sie mir das schildern, stimme ich Ihnen zu."
   - „Diese Meinung habe ich schon mehrmals gehört."
   - „Ja, das galt sicher noch vor einiger Zeit."

6. *Formal zustimmen*
   - „Ich freue mich, daß Sie mich auf diesen Punkt ansprechen."
   - „Ich finde es sehr gut, daß Sie sich mir gegenüber so deutlich und offen äußern."
   - „Das ist interessant."

7. *Fehler zustimmend eingestehen*
   - „Ja, das ist so nicht in Ordnung."
   - „Da stimmt was nicht."
   - „Hier bin ich im Moment überfragt."

8. *Gemeinsames zustimmend betonen*
   - „Ja, das ist unser gemeinsames Anliegen."
   - „Das ist natürlich auch mein Interesse."
   - „Ihre Interessen decken sich mit meinen Vorstellungen."

Abb. 13: Zustimmungsformen

Einwandbeantwortung mit Fragen beginnt mit einer Zustimmung, die eine Frage vorbereitet. Die Fragen richten sich:

1. nach der Vergangenheit („Was ist passiert?"),
2. nach Ursachen („Wie konnte es passieren?"),
3. nach Einzelheiten („Wie ist es passiert?") oder
4. nach Lösungswegen („Wie geht es jetzt weiter?").

Es eignen sich neben offenen Fragen auch Alternativ- und Kontrollfragen. Wichtig ist für die einzelne Frage, daß Sie mit der Frage Interesse am Kunden, an dessen Einwand oder einer gemeinsamen Lösung dokumentieren. Mit der Frage erreichen Sie gleichzeitig mehrere Vorteile:

- Der Kunde kann seine Emotionen abbauen, indem er weiter sprechen kann,
- Sie können über die Wahl von geeigneten Fragen die Antwort des Kunden lenken,
- Sie können nähere Gründe für den Einwand erfahren,
- Sie können Antworten erwarten, die Ihnen die weitere Behandlung des Einwands erleichtern und

Sie vermeiden Spekulationen und voreilige Antworten, die zu einer Eskalation des Gesprächs führen würden.

Vermeiden Sie Kombinationen von Zustimmung mit einem uneingeschränkten „Ja" und die Fortsetzung mit einem „..., aber ...". Auch wenn in der Vergangenheit diese Kombination immer wieder als „Ja-aber-Technik" für die Einwandbewältigung vorgeschlagen wurde, ist „aber" ein Reizwort für den Kunden. „Ja-aber"-Äußerungen sind zwar konstruktiver als reine Gesprächsstörer, doch die Wege, die auf der bedingten Zustimmung basieren, sind wesentlich wirkungsvoller als „Ja-aber"-Antworten. Achten Sie einmal auf Ihre Reaktionen, vor allem auf Ihre Gefühle, wenn Ihre Gesprächspartner die Kombination „Ja ..., aber ..." verwenden. Nur klare Zustimmungen öffnen Gesprächspartner und ermöglichen die Fortsetzung des Dialogs.

Einwandbeantwortung – Weg 5: Konstruktiv vorschlagen

Die Einwandbeantwortung läuft nach der Merkformel ZIMT ab:

- Z = Zustimmung
- I = Interesse ausdrücken / Informationen einholen
- M = Meinung / Argumentation / Stellungnahme
- T = Thema / weitere Gesprächsinhalte

Sie vermeiden durch die Verwendung der Schritte Z und I eine denkbare Ausweitung von Einwänden. Der konstruktive Vorschlag erfolgt im Schritt M der ZIMT-Formel. Ihre konstruktiven Vorschläge werden am ehesten akzeptiert, wenn Sie mit Vorteilen oder Nutzen für den Kunden verbunden sind. Hier ein Beispiel:

Kunde: „Das dauert ja ewig mit der Zinsbescheinigung."
Berater: „(Z) Gut, daß Sie das gleich ansprechen. (I) Ich werde mich sofort darum kümmern. (M = konstruktiver Vorschlag) Die Zinsbescheinigung bringe ich Ihnen noch heute nach Dienstschluß vorbei ..."

Wenn Sie konstruktive Vorschläge mit Kontrollfragen verbinden, geben Sie die Entscheidung an Ihre Kunden weiter. Sie betonen damit Ihre geschäftspartnerschaftliche Einstellung. Konstruktive Vorschläge werden oft mit den Äußerungen:

„Was halten Sie davon, wenn ...?"
oder
„Dann schlage ich Ihnen ... vor."
eingeleitet. Sie erfordern auf alle Fälle eine sorgfältige Bedarfsermittlung, sonst können sie an den Erwartungen der Kunden vorbeigehen.

Einwandbeantwortung – Weg 6: Beweisen

Kunden bringen manchmal Einwände vor, die Sie sofort aufgrund Ihres Wissens widerlegen können. Hier besteht die große Gefahr, daß spontane Antworten zu Eskalationen im Kreditgespräch führen, da der Kunde das Widerlegen auch als Bloßstellen empfinden kann. Und welcher Kunde wünscht sich das?

Mit der Kombination aus bedingter Zustimmung und anschließendem Beweisen können Sie eine Ausweitung des Einwands vermeiden. Sie werden nicht immer mit der ersten zustimmenden Äußerung die Basis für die folgende Argumentation legen. Mit aktivierendem Zuhören und erneuten zustimmenden Äußerungen können Sie Ihren Kunden für Ihren schlüssigen Beweis öffnen. Achten Sie immer darauf, daß Ihre Kunden ihr Gesicht wahren können.

Verwechseln Sie Zustimmung nicht mit recht geben. Nur die erste Zustimmungsform in der Übersicht 13 ist mit dem recht geben identisch. Alle anderen Zustimmungsformen drücken die Tendenz aus. „Ich verstehe Sie, ich möchte mehr von Ihnen erfahren, ich akzeptiere Ihre Aussage". Sie sagen keinesfalls „Sie haben recht, und ich habe unrecht" oder umgedreht.

Einwandbeantwortung – Weg 7: Kompensieren

Die Wege 4. bis 6. eignen sich besonders für emotionale Einwände. Mit Kompensieren und den folgenden Methoden lassen sich vorwiegend sachliche Einwände Ihrer Kreditkunden beantworten. Diese Wege orientieren sich an der ZWAR-Formel:

- Z = Zustimmung / Bestätigung / positive Zuwendung
- W = Weiche / Wende / Argumentationsrichtung
- A = Argument / Vorteil / Nutzen
- R = Reaktion / Kontrollfrage / weiteres Thema

Auf die Zustimmung folgt eine gezielte Weichenstellung durch den Berater. Die Form der einzelnen Weichenstellung unterscheidet die einzelnen Methoden der ZWAR-Formel.

Mit der Technik „Kompensieren" gleichen Sie einen Nachteil, den der Kunde mit seinem Einwand angesprochen hat, durch einen Vorteil aus. Die Formulierung der Weichenstellung lautet „dafür". Ein Beispiel:

Kunde: „Beim Bausparen erhalte ich ja jahrelang nur 2,5 Prozent Zinsen."

Berater: „Ja, das ist richtig. Sie erhalten für Ihr Bauspargerthaben 2,5 Prozent Zinsen (Z). Dafür (W) sichern Sie sich einen garantierten Anspruch auf ein besonders günstiges Darlehen für nur 4,5 Prozent für die gesamte Kreditlaufzeit (A). Was meinen Sie dazu (R)?"

Die Weichenstellung „dafür" signalisiert schon Vorteile, die auch sofort in einer prägnanten Form folgen. Der Berater prüft den Argumentationserfolg. Meistens überwiegt der Vorteil deutlich den ursprünglich vom Kunden angesprochenen Nachteil. Der Kunde reagiert positiv; der Einwand ist kompensiert, er ist entkräftet.

Das Kompensieren ist wesentlich erfolgreicher als Rechtfertigungsversuche zu den Kundeneinwänden: Dem Einwand „... nur 2,5 % Zinsen" wird oft mit dem Hinweis auf den ebenfalls niedrigen Sparzins begegnet „Die Verzinsung entspricht fast der auf dem Sparbuch". Doch diese Antwort klingt für den Kunden wie „Sie irren, 2,5 % sind recht hoch!". Die zwangsläufige Folge ist ein erneuter Einwand, z. B. „Und was ist mit dem Bausparzins, wenn die Sparzinsen steigen?". Eine Kette von Einwänden wird ausgelöst. Deshalb: Zeigen Sie Verständnis für den Einwand und kompensieren Sie den vom Kunden angesprochenen Nachteil durch einen überzeugenden Vorteil.

Einwandbeantwortung – Weg 8: Andere Gesichtspunkte nennen

Die Weiche (= 2. Schritt der ZWAR-Formel) wird bei dieser Vorgehensweise durch die Wörter:

- „andererseits",
- „auf der anderen Seite" oder
- „dem steht gegenüber, daß ..."

gestellt. Unabhängig vom Einwand erhält auch hier der Kunde Zustimmung: der Berater berücksichtigt die Gedanken des Kunden. Anschließend kann der Berater wie ursprünglich beabsichtigt argumentieren.

Andere Gesichtspunkte wirkungsvoll anzusprechen, setzt eine große Selbstsicherheit voraus. Einwände bringen den Berater nicht aus dessen Gesprächsrhythmus. Er unterbricht seine Argumentation und dreht eine Reaktionsschleife (= Zustimmung und Weichenstellung). Dann fährt er mit seiner ursprünglichen Konzeption fort. Seine Dynamik und Zuversicht steckt viele Kunden an – er überzeugt durch Aktion:

Kunde: „12,5 % Zinsen sind doch eine ganze Menge für so einen Überziehungskredit."

Berater: „Ja, ich verstehe gut, daß Sie diesen Eindruck gewonnen haben (Z). Andererseits (W) werden Ihnen Zinsen nur für tatsächliche Kreditinanspruchnahmen berechnet und jeder Geldeingang reduziert sofort Ihre Überziehung (A) ..."

Auch hier diskutiert der Finanzierungsberater nicht über die absolute oder relative Höhe der Zinsen sondern stellt dem vermeintlichen Nachteil klare Vorteile der Finanzierungsform gegenüber.

Einwandbeantwortung – Weg 9: Zurückgeben

Eine beachtliche Zahl von Einwänden sind im Gegensatz zu der Kundenvorstellung Vorteile der Finanzierungsform. Sie können mit der ZWAR-Formel und dem Weg Zurückgeben diese Vorteile argumentativ nutzen. Hören Sie sich jeden Einwand genau an und entnehmen Sie ein positives Element als Argument für den Kunden. W-Formulierungen wie:

- „gerade deshalb",
- „gerade weil" oder
- „gerade das"

erleichtern Ihnen die Rückgabe. Im Z-Schritt werden Sie den Einwand meist etwas stärker als bei den bisherigen Techniken umformulieren:

Kunde: „Mit dem variablen Zinssatz fahre ich doch sehr riskant."

Berater: „Gut, daß Sie das so offen ansprechen (Z). Gerade weil (W) Sie in zwei oder drei Jahren einen Erbteil erwarten, wie Sie vorhin sagten, ist eine variable Zinsvereinbarung sehr sinnvoll. Sie haben dann die Möglichkeit schnell Sondertilgungen zu leisten, um Kreditzinsen zu sparen (A) ..."

Einwandbeantwortung – Weg 10: Erlebnisse und Referenzen anführen

Dieser Weg eignet sich besonders auch als Entscheidungshilfe. Der Kunde soll sich mit den Personen in den geschilderten Erlebnissen und/oder den Referenzgebern identifizieren. Mit der Identifikation wird die Entscheidung beschleunigt – meist mit positivem Ergebnis. Negative Entscheidungen resultieren vor allem aus ungeeigneten Referenzen und Erlebnissen. Das Bankgeheimnis engt Sie besonders bei der Namensnennung von Referenzgebern ein. Doch Referenzen und Erlebnisse lassen sich auch ohne Namensnennung der Beteiligten anführen:

„Vor einigen Monaten sprach ein Finanzierungskunde ähnlich wie Sie heute. Gerade erst gestern traf ich ihn wieder. Inzwischen freut er sich, daß ..."

Mit der Wahl der Referenz- und Erlebnispersonen bestimmen Sie den Erfolg dieser Technik der Einwandbeantwortung. Sie können jeweils ohne Namensnennung bestimmte Kunden, eine Vielzahl von Kunden, einen bestimmten Kundenkreis, dem sich der Kunde zugehörig fühlt sowie sich selbst anführen. Achten Sie darauf, daß die Referenz- und Erlebnispersonen aus der Sphäre des Kunden kommen, daß sie also nicht eine „Nummer" zu groß oder zu klein sind.

Einwandbeantwortung – Weg 11: Transformieren

Der Einwand wird vom Berater in einen Wunsch umgewandelt – transformiert. Dieser Wunsch ist erfüllbar oder weist den Weg zu einer gemeinsamen Lösung. Gefährlich wird es für den Berater nur, wenn der Wunsch nicht erfüllbar, die Kompetenzen also nicht vorhanden sind, oder der Wunsch des Kunden so stark umformuliert wurde, daß der Kunde die Transformation nicht akzeptiert. Typische Transformationsformulierungen sind:

- „Sie erwarten also ...?",
- „Sie wünschen ... „ oder
- „Sie stellen sich vor, daß ...?"

Das Transformieren stellt den Kundenwunsch voll in den Mittelpunkt der Reaktion. Auch hier wieder ein Beispiel:

Das systematische Kreditgespräch

Kunde: „Das erscheint mir aber sehr kompliziert."
Berater: „Ja, diese Finanzierungsform mit mehreren nachgeschalteten Verträgen ist nicht ganz einfach (Z). Sie stellen sich demnach eine übersichtlichere Form vor (W)?"
Kunde: „Ja, das wär mir lieber."
Berater: „Dann empfehle ich Ihnen ... (A)"

Die Abbildung 14 zeigt noch einmal alle Wege der Einwandbeantwortung mit der Reaktion auf den Kundeneinwand „Die Zinsen für Bausparguthaben sind aber sehr niedrig".

1. Vorwegnehmen	„Manchmal werde ich von Kunden nach den Bausparzinsen gefragt. Der günstige Kreditzins gleicht den Sparzins mehr als aus."
2. Zurückstellen	„Gerne beantworte ich Ihnen anschließend Ihre Frage zu den Bausparzinsen."
3. Überhören	„... sind wichtige Vorteile für Sie." („Sind die Zinsen nicht sehr gering?") „Zusätzlich haben Sie Prämienvorteile und ... "
4. Fragen	„Dafür habe ich Verständnis. Wann benötigen Sie das Bauspardarlehen?"
5. Konstruktiv vorschlagen	„Dann schlage ich Ihnen den zinsgünstigen Tarif 111 mit ... vor."
6. Beweisen	„Schauen Sie bitte hier: Das sind Ihre Zinseinnahmen über die Jahre und hier Ihre Zinsausgaben. Daraus sehen Sie, daß ..."
7. Kompensieren	„Ja, das ist richtig. Dafür erhalten Sie in der entscheidenden Finanzierungsphase ein besonders günstiges Bauspardarlehen von ..."
8. Andere Gesichtspunkte nennen	„Richtig. Andererseits erhalten Sie in der Finanzierungsphase ..."
9. Zurückgeben	„Gerade weil die Finanzierungsphase viel wichtiger als die Sparphase ist, ist das Bausparen so attraktiv für Sie."
10. Erlebnisse und Referenzen anführen	„Sie sind nicht der erste Kunde, der das sagt. Vor Jahren hatte ich schon sehr zinsbewußte Kunden. Die sind mir jetzt für günstiges Bauspardarlehen dankbar."
11. Transformieren	„Vielen Dank für Ihren Hinweis. Sie wünschen demnach eine höhere Verzinsung?" („Ja") „Dann empfehle ich Ihnen den Tarif 11 mit ... "

Abb. 14: Wege der Einwandbeantwortung

3.4.4 Der Preis im Kreditgespräch

Der Umgang mit dem Preis, dem Zinssatz, den unterschiedlichen Konditionen und den Gebühren von Finanzierungen stellt eine besondere Herausforderung im systematischen Kreditgespräch dar. Der Themenkomplex ‚Preis' wird oft wie ein Einwand gesehen – dabei wird der geschickten Vorbereitung der Preisnennung kaum Energie gewidmet.

Kunden ist es sehr klar, daß sie für Bankdienstleistungen einen Preis – zum Beispiel Zinsen, Gebühren, Provisionen, Courtagen oder ähnliches – zahlen. Damit wird das Preisthema zu einem festen Bestandteil der meisten Kreditgespräche. Allerdings zu keinem angenehmen Bestandteil, sondern eher zu einem Teil, der oft von Gegnerschaft, von direkter Konfrontation geprägt ist.

Seien Sie sich immer bewußt,

- daß der Preis ein selbstverständlicher Aspekt einer Finanzierung – auch für den Kunden – ist,
- daß, was den Kunden nichts kostet, auch diesem Kunden nichts wert ist,
- daß gerade auch Dienstleistungen von Kreditinstituten ohne einen Preis weniger wertvoll und damit auch weniger attraktiv für Kunden sind,
- daß auch der Kunde weiß, daß die meisten Dienstleistungen und vor allem Finanzierungen einen Preis haben,
- daß sprachliche und nicht-sprachliche Schwächezeichen rund um die Preisnennung Ihren Kunden spürbar preissensibler machen
- und daß bei den meisten Bank- und Sparkassendienstleistungen die Preise anderer Kreditinstitute ganz in der Nähe der Preise Ihres Kreditinstitutes liegen.

Es gibt somit keinen Grund, den Kunden Preisunsicherheit oder gar Preisangst zu signalisieren. Natürlich können Sie bei dem Preis für einen Kredit die Geldausgabe (= Zinszahlung) des Kunden nicht durch die Demonstration der Ware ausgleichen. Gerade deshalb ist der sichere und nutzenorientierte Umgang mit Preisangaben besonders wichtig.

Sprechen Sie das komplexe Thema ‚Preis/Zins/Gebühren/Konditionen' so selbstverständlich und selbstbewußt wie jedes andere Thema in Ihren Beratungs- und Verkaufsgesprächen an. Beachten Sie vor allem: Persönliche Stärken wie Initiative, Service, Engagement, Zuverlässigkeit, Höflichkeit, Freundlichkeit und Kreativität sowie Stärken Ihres Institutes wie Angebotsbreite, Schnelligkeit bei Entscheidung und Auszahlung, Nähe zum Kunden, Serviceeinrichtungen, Beratungsqualität und individuelle Finanzierungsangebote drängen das Preisthema sehr schnell in den Hintergrund.

Mit einer positiven Einstellung zu Preisgesprächen werden Sie schnell preissicherer. Beachten Sie dabei die folgenden Grundsätze im Preisgesprach:

1. Die eigene Kalkulation kennen

Das Wissen um Einstandskonditionen, Margen, Deckungsbeiträge usw. ist eine notwendige Vorausetzung, Preis- und Konditionengespräche souverän zu führen. Es gibt Ihnen eine Orientierungshilfe und verhindert tendenziell – unbewußte – Zeichen der Preisunsicherheit. Mit dem Wissen um die Kalkulation des eigenen Instituts wird der Gesprächsabschnitt um die Preisnennung zielorientierter und damit effizienter. Informieren Sie sich deshalb vor Verkaufsgesprächen über die Preisspielräume und die Preisgestaltungsmöglichkeiten. Vergessen Sie nicht, Voraussetzungen für Preisentgegenkommen und Vorzugskonditionen mit Ihren Führungskräften abzusprechen.

2. Den regionalen Wettbewerb kennen

Preisverhandlungen ohne Wettbewerbskenntnisse zu führen, ist wie die Suche nach einem kleinen Ort in einem fremden Land ohne Karte. In Glücksfällen erreichen Sie Ihr Ziel: Sie finden den unbekannten Ort oder Sie verkaufen zu der Normalkondition.

Ein Gesamtüberblick über alle Wettbewerbsangebote und -konditionen ist schön, aber nicht unbedingt erforderlich. Regionale Wettbewerbskenntnisse allerdings erleichtern die Argumentation zu Konditionen. Regionale Wettbewerbskenntnisse bedeuten im standardisierten Privatkundengeschäft das Wissen über die Preisgestaltung der örtlichen Kreditinstitute, regionale Wettbewerbskenntnisse heißen für den Firmenkundenbetreuer bei großen Investitionsobjekten die Kenntnisse über lokale und überregionale Anbieter, die als Wettbewerber auftreten.

Ein klares Zeichen für das intensivere Studium des Wettbewerbs sind Konditionsaussagen und -behauptungen von Kunden, die Sie weder bestätigen noch widerlegen können. Die fehlenden Informationen verschlechtern die eigene Verhandlungsposition. Im Zweifel wird dem (absichtlichen oder unabsichtlichen) ‚Bluff' des Kunden geglaubt. Preiseingeständnisse und die Verschlechterung der Marge sind die unausweichliche Folge.

Delegieren Sie die Markt- und Wettbewerbsbeobachtung nicht an Fach- und Stabsabteilungen. Die eigenen, wenn auch begrenzten, Recherchen bieten eine bessere Qualität: Sie sind auf den regionalen Markt bezogen, mit eigenen Erlebnissen verknüpft und schnell im Verkaufsgespräch aktivierbar.

3. Den Kunden kennen

Der Kreis schließt sich mit dem 3. Grundsatz: Neben der internen Kalkulation und dem externen Wettbewerb gibt der Kunde die Rahmenbedingungen für das Preisgespräch vor. Informationen über den Kunden erleichtern die Konditionsgestaltung und die Konditionsargumentation. Die bisherige Produktnutzung, Einkommens- und Vermögensverhältnisse sowie Informationen über die Grundwerte und Einstellungen des Kunden geben Ihnen Sicherheit; überraschende Reaktionen werden unwahrscheinlicher.

Zeigen Sie die Vorbereitung auf das Gespräch mit Ihrem Kunden. Am wirkungsvollsten sind kundenspezifische Unterlagen (z. B. Ausdrucke aus Ihrem Kundeninformationssystem), die deutlich sichtbar auf dem Beratungstisch liegen. Transparente Hüllen, kleine Ordner oder Mappen aus der Hängeschublade bieten sich als Ordnungsmittel an.

4. Den Preis erst bei Preis-/Interesse des Kunden nennen

Die bisherigen Grundsätze beziehen sich auf die Vorbereitung des Preis- und Konditionengesprächs. Mit diesem vierten Grundsatz und den folgenden Empfehlungen geht es um das Preisgespräch im engeren Sinne, es geht um die Präsentation des Zinssatzes, die Darstellung des Preises und seiner Bestandteile.

Nennen Sie den Preis relativ spät im Gespräch. Verfrühte Preisangaben, zum Beispiel vor klaren Zeichen des Interesses des Kunden oder auf Gesprächseröffnungen von Kunden wie „Was verlangen Sie für ...?", lassen den Preis meist sehr groß erscheinen. Der Kunde empfindet ein Mißverhältnis zwischen dem hohen und unverständlichen Preis gegenüber den Vorteilen aus der Leistungsnutzung. Kräftige Argumentations- und Entscheidungswiderstände werden sehr wahrscheinlich.

Wenn Sie den Preis einer Finanzierung erst bei späterem Preis- und/ oder Produktinteresse des Kunden nennen, wirkt er wie ein selbstverständlicher Bestandteil Ihres Beratungs- und Verkaufsgespräches.

5. Preisangaben mit Kundenvorteilen verbinden

In der Auflistung der Preisgrundsätze ist dies wohl der wichtigste Grundsatz:

 Nennen Sie nie einen Preis isoliert – verbinden Sie jede Preisangabe und Preisnennung mit Kundenvorteilen!

Eine selbstverständliche Regel – und doch eine Regel, die im Verkaufsalltag oft nicht beachtet wird. Auch wenn der Kunde nur nach dem Preis fragt, ist ein solcher Dialog wenig verkaufs- und kundenorientiert:

Kunde: „Was verlangen Sie zur Zeit für einen PKW-Kredit?"
Berater: „Ein Privatkredit kostet zur Zeit bei 2 % Bearbeitungsgebühr 11,5 % Zinsen."

Wie vorteilhaft der Zinssatz auch sein mag, die Antwort stellt den Preis in den Mittelpunkt und an das Ende der Aussage. Alles Denken und Fühlen des Kunden wird sich jetzt um den genannten Zinssatz drehen. Die logische Folge sind Fragen, Hindernisse und Widerstände zum Zinssatz. Das Finanzierungsangebot besteht praktisch nur noch aus dem Zinssatz – und der ist sicher aus Kundensicht oft viel zu hoch. Die ungeschickte Preisnennung veranlaßt umgehend eine Preisdiskussion.

Eine kunden- und verkaufsorientierte Antwort verbindet die Preisnennung mit Vorteilen für den Kunden:

Kunde : „Was verlangen Sie zur Zeit für einen PKW-Kredit?"
Berater: „Sie erhalten zur Zeit bis zu 30.000 DM zu einem garantierten Zinssatz von 11,5 % bei einer einmaligen Bearbeitungsgebühr von 2 %. Beachten Sie bitte, daß Sie dadurch bei Ihrem Autohändler zum Barzahler werden."

78 Das systematische Kreditgespräch

Das Denken und Fühlen der Kunden wird vom Preis auf individuelle Vorteile gelenkt. Damit wird ein positiver Reiz gesetzt, der die Geldausgabe verdrängt. Die Vorteile klingen nach und die Wahrscheinlichkeit von Preiseinwänden wird geringer.

6. Reihenfolge ‚Vorteile – Preis – Vorteile' beachten

Berücksichtigen Sie bei allen Preisangaben diese Reihenfolge. Dadurch wird die Preisangabe zu einer Information unter vielen Informationen für den Kunden. Die Vorteile stimmen den Kunden positiv ein, die Preisnennung ist eine notwendige Information und wirkt nach Vorteilen nicht abschreckend. Die abschließenden Vorteile wirken intensiv nach und packen den Preis als Ausgabe ein.

7. Negative Begriffe wie ‚Kosten' meiden

Kunden fragen immer wieder mit negativen Begriffen nach Preisen und Konditionen rund um Finanzierungen:

- „Was kostet der Überziehungskredit?"
- „Was verlangen Sie für ein Hypothekendarlehen?"
- „Wieviel berechnen Sie für Betriebsmittelkredite?"

Greifen Sie negative Begriffe wie „kostet", „Kosten", „verlangen", „zahlen" oder „berechnen" Ihrer Kunden nicht auf. Geeignete Alternativen sind die Begriffe wie „Sie erhalten ...", „Sie sichern sich ..." oder „Sie bekommen ...". Damit ergeben sich schnell nutzenorientierte Formulierungen für Ihre Kunden:

Statt: „Der Überziehungskredit kostet Sie ..."
Besser: „Sie erhalten auf Ihrem Konto die Überziehungen für ... . Bitte beachten Sie, daß jede Gutschrift sofort den Finanzierungsbetrag reduziert."
Statt: „Was verlangen Sie für einen Hypothekendarlehen?"
Besser: „Sie können sich den Zinssatz von 7,75 % sichern."

Vermeiden Sie auch das auf den ersten Blick vorteilhafte Wort „billig". Eine „...billige Finanzierung" ist sicher auch mit dem Empfinden ‚einfach' und ‚unsolide' verbunden. Ersetzen Sie deshalb „billig" durch „günstig" und schon klingt es viel überzeugender: „Sie erhalten eine günstige Finanzierung mit ...".

8. Preise selbstverständlich nennen

Viele Bank- und Sparkassenmitarbeiter sprechen Preisangaben mit Ankündigungen oder gar Entschuldigungen an. Damit wird der Preis hervorgehoben und findet das besondere – auch kritische – Interesse des Kunden.

Denken Sie immer daran: Preise sind auch für Kunden eine Selbstverständlichkeit. Zinsen, Gebühren, Provisionen und andere Konditionen sollten wie selbstverständlich angesprochen werden; sie sind keine besondere Hervorhebung wert. Sie werden so zu einer selbstverständlichen und normalen Information für den Kunden.

9. Erträge vergrößern und Ausgaben verkleinern

Preise lassen sich sehr unterschiedlich darstellen. Erträge, zum Beispiel über einige Jahre addiert, werden zu einem größeren Kaufreiz. Kreditzinsen als Ausgaben können entsprechend sprachlich verkleinert werden.

Bei einem Betrag von 100.000 DM ergeben sich bei 8 % Anlagen- oder Kreditzins bei fünfjähriger Laufzeit:

Ertrag: „Sie erhalten dadurch einen jährlichen Zinsertrag von 8.000 DM. Das summiert sich zu über 40.000 DM mit dem Zinseszinseffekt."

Kosten: „Sie erhalten Ihr Darlehen zu 8 % Zinsen. Das bedeutet für Sie, daß Ihr monatlicher Finanzierungsbetrag nur rund 667 DM für 100.000 DM beträgt. Außerdem sind Ihnen die Zinsen für 5 Jahre garantiert."

Jahreszinssätze (p. a.) wirken optisch viel größer als Monatszinsangaben (p. m.). Nominalzinssätze bei einem höheren Disagio erscheinen für Kunden günstig. Besonders Überziehungszinsen lassen sich durch das Verkleinern optisch günstig nennen: „Sie bekommen auf Ihrem Konto 1.000 DM am Tag für weniger als 40 Pfennig!" (bei einem Zinssatz von 14 %).

10. Den Preis in üblichen Größen nennen

Erwähnen Sie Ihre Preise in für Ihre Kunden üblichen Größenordnungen. Privatkunden erwarten sicher Monatsraten für Kredite, Geschäftskunden denken auch in Quartals-, Halbjahres- oder Jahresraten. Gehen Sie von üblichen Angaben weg (z. B. von Prozentangaben zu Promilleangaben), wird die Preisnennung zur Überraschung und für den Kunden zu einem Stolperstein. Die logische Folge: Unangenehme Fragen und Einwände.

11. Preisangaben notieren

Es ist erstaunlich, daß Kunden besonders bei Zinsangaben handeln, die nur mündlich genannt werden. Die typischen Leistungen sind sicher das Festgeld und im Finanzierungsbereich die private Baufinanzierung.

Unterbreiten Sie Konditionenofferten in Schriftform. Der Kunde sieht den Preis klar und deutlich schwarz auf weiß. Die Zinsangabe wird weniger diskutabel, die Verhandlungsbreite wird für den Kunden eingeengt. Außerdem bleibt das Angebot besser in Erinnerung, die Chance auf den Finanzierungsabschluß wird größer.

12. Preisgrenzen beachten

Respektieren Sie die Preisgrenzen Ihrer Kunden. Raten, Zinssätze und Effektivzinsangaben knapp unter Preisschwellen wie 994 DM statt 1.017 DM, 9,5 % zu 96 % Auszahlung statt 10,25 % zu 99 % oder 8,97 % statt 9,01% unterschreiten jeweils Preisgrenzen von Kunden.

Realisieren Sie möglichst die Erwartungen Ihrer Kunden. Wünscht der Kunde eine maximale Monatsrate von 1.500 DM für die Finanzierung seiner Eigentumswohnung, dann sollte Ihr Finanzierungsvorschlag auch diese Grenze einhalten. Ist dies nicht möglich, gilt es erst die Grenze zu erweitern und dann ein Angebot zu präsentieren.

13. Auf Preiseinwände vorbereiten

Bereiten Sie sich auf Preiseinwände sorgfältig vor. Trotz der Berücksichtigung aller Preisgrundsätze müssen Sie mit den klassischen Reaktionen rechnen:

- „Der Finanzierungszinssatz ist mir zu hoch!"
- „Die Gebühren sind mir zu viel!"

Antworten Sie nicht vorschnell auf diese oder ähnliche Einwände. Am besten bedanken Sie sich freundlich für diese offenen Aussagen und zeigen Verständnis für den Kunden. Mit steuernden offenen Fragen wie

- „Womit vergleichen Sie?"
- „Woran orientieren Sie sich?"

erhalten Sie wertvolle Informationen für Ihre weitere Preisargumentation. Ihr Kunde kann beispielsweise

1. mit einem anderen Kreditinstitut,
2. mit einem anderen Angebot/anderer Finanzierungsleistung,
3. mit anderen Beträgen/Volumina,
4. mit vergangenen/früheren Zeiten,
5. mit Spar- und Anlagezinsen,
6. mit der aktuellen Inflationsrate,
7. mit seinen persönlichen Vorstellungen,
8. mit Informationen aus Medien (Presse, Fernsehen, Radio, Werbung usw.) oder
9. mit Personen (Freunde, Geschäftspartner, Kollegen usw.)

vergleichen – oder einfach nur den Versuch des Pokerns gestartet haben.

Jede einzelne Zusatzinformation hilft Ihnen bei Ihrer nächsten Reaktion. Es eignen sich erneut Fragen für die weitere Preiseinwandbehandlung:

Zu 1.: „Wann war das?", „Was ist das für ein Angebot?", „Unter welchen Bedingungen gilt das Angebot des anderen Kreditinstituts?", „Welche Einzelheiten wurden Ihnen von dem Kollegen genannt?"

Zu 2.: „Wo liegen die Unterschiede?", „Was passiert, wenn ...?", „Was ist Ihnen wichtiger: ... oder ...?"

Zu 3.: „Was wurde Ihnen für einen niedrigeren/höheren Finanzierungsbetrag angeboten?", „Welche anderen Vorschläge wurden Ihnen unterbreitet?", „Was wurde mit dem anderen Angebot kombiniert/verknüpft?"

Zu 4.: „Von wann ist das andere Angebot?", „Wie lange gilt der andere Vorschlag?", „... Heute ist mein Vorschlag ... sehr günstig, weil ..."

Zu 5.: „Was halten Sie von ... (längere Laufzeit, andere Besicherung, Kombination mit ...)? – Dann kann ich Ihnen ... bieten."

Zu 6.: „Jeder Prozentpunkt Inflation hilft Ihnen bei der Tilgung Ihres Darlehens.", „Wissen Sie, daß der Realzins nur ... Prozent beträgt?"

Zu 7.: „Wie sind Sie zu Ihren Vorstellungen gekommen?", „Woran haben Sie sich bei Ihren Vorstellungen orientiert?"

Zu 8.: „Wo haben Sie das gelesen?", „Wann war das?", „Welche Details und Rahmenbedingungen wurden erwähnt?", „Wer ist der Autor?", „Wie weit ist das – in dem Beitrag – auch Ihre persönliche Situation?"

Zu 9.: „Was hat Ihnen Ihr Freund (Geschäftspartner, Kollege usw.) zu ... (Kündigung, Tilgung, Gebühren, Nebenkosten, Sicherheiten usw.) erzählt?"

Durch die Forderungen nach Informationen an Ihre Kunden erhalten Sie bei Preiseinwänden eine bessere Argumentationsbasis. Jetzt läßt es sich leichter überzeugend argumentieren.

14. Allgemeine Vorteile ergänzend anführen

Trotz aller Preis-Überzeugungstechniken wird nicht jedes Kreditgespräch über den Preis erfolgreich enden. Dann lassen sich noch allgemeine Vorteile anführen (Nähe zum Kunden, langjährige Zusammenarbeit, Betreuung aus einer Hand, dichtes Geschäftsstellennetz usw.) oder Sie neutralisieren den Preis mit kreativen Ideen für den Kunden.

15. Preisaufbesserungen nur gegen Gegenleistung des Kunden

Das letzte Mittel im Preisgespräch ist die Aufbesserung des Preises für den Kunden. Doch Achtung: Ihr Kunde gewöhnt sich sehr schnell an das Aufbessern und wird es immer wieder einfordern. Steuern Sie deshalb zielgerichtet dagegen. Nehmen Sie Preisaufbesserungen nur gegen gleichzeitige Gegenleistungen des Kunden vor.

Hier einige Beispiele:

- „Wenn Sie eine Lebensversicherung abtreten, reduziert sich der Zinssatz auf ..."
- „Wenn Sie noch ... abschließen, komme ich Ihnen bei ... entgegen."
- „Unter der Voraussetzung, daß Sie auch Ihre Privatgeschäfte mit uns abwickeln, biete ich Ihnen bei ... eine Nettokondition."
- „Wenn Sie sich heute für ... entscheiden, komme ich Ihnen beim Auszahlungskurs entgegen."

Mit jeder Gegenleistung wird dem Kunden klar, daß auch er seinen Teil zum aufgebesserten Preis beitragen muß. Das ist stabiles Verkaufen von Zinsen und anderen Preisbestandteilen.

3.5 Der Abschluß

Nach der kundenspezifischen Erläuterung des Finanzierungsangebots und der unterstützenden Demonstration sowie der Beantwortung von Einwänden soll sich der Finanzierungskunde entscheiden. Manchmal ringt er sich schnell zu einer Entscheidung (= Zustimmung oder Ablehnung) durch, manchmal benötigt er Entscheidungshilfen durch Abschlußmethoden, und manchmal signalisiert er seine Zustimmung durch Kaufsignale.

Hie und da werden Abschlußmethoden mit Abschußmethoden verwechselt: Unser Ziel ist die dauerhafte Geschäftsverbindung mit unseren Kunden. Deshalb ist in der Abschlußphase eines Finanzierungsgespräches Sensibilität im Umgang mit Kunden gefordert. Eine zurückhaltende Taktik läßt den Interessenten zu Wettbewerbern abwandern, eine aggressive Abschlußtechnik erschreckt ihn oder führt zu hohen Nacharbeiten bis zu späteren Stornierungen – demnach bleibt nur der Mittelweg:

Direkte Abschlußmethoden als klare Entscheidungshilfe für den Finanzierungskunden auf der Basis der Bedarfsermittlung.

Dazu gehört es vor allem, daß der Kunde das Gefühl hat – neben allen sachlichen Vorteilen – bei Ihrem Kreditinstitut und vor allem bei Ihnen als Finanzierungsberater „gut aufgehoben" zu sein.

Bevor Sie eine detaillierte Übersicht über Abschlußmethoden erhalten, wird das Erkennen und Auslösen von Kaufsignalen behandelt. Anschließend geht es um den Umgang mit Vorwänden und die kundenorientierte Absage von Kreditwünschen, den Nein-Verkauf, sowie den Umgang mit Einkommensunterlagen, Bilanzen und Sicherheiten.

3.5.1 Die Kaufsignale

Kaufsignale sind sprachliche und nichtsprachliche Mitteilungen des Kunden, die seine Abschlußbereitschaft, seinen Kaufwunsch, ausdrücken. Ihre Wahrnehmungsgabe ist in dieser Gesprächssituation besonders wichtig:

Wenn Sie Kaufsignale erkennen, können Sie sofort den Geschäftsabschluß vornehmen. Sie gewinnen Zeit und vermeiden zusätzliche Informationen, die Ihren Kunden irritieren sowie von den bereits getroffenen Entscheidungen abbringen können.

Sie erleichtern Ihren Kunden Entscheidungen, indem Sie schon die ersten Kaufsignale registrieren und aufgreifen. Sie aktivieren Kaufsignale bei Ihren Kunden, wenn Sie frühzeitig Unterlagen bereit legen oder sich nach jeder Teilentscheidung Notizen machen. Oft sind die Gedanken von Kreditspezialisten auf Einzelheiten der Finanzierung und nicht auf die Reaktionen ihrer Kunden konzentriert. Hier ist eine Einstellungsänderung nötig: Im Mittelpunkt der Abschlußphase steht nicht das Angebot, sondern die sicht- und hörbaren Reaktionen der Kunden.

Direkte Kaufsignale

Wir trennen in direkte und indirekte Kaufsignale; direkte Kaufsignale sind Kundenaussagen wie:

- „Ja, das mache ich dann so wie besprochen",
- „Das können Sie so festhalten" oder
- „Da können Sie schon alles für mich vorbereiten."

Der Kunde äußert seine eindeutige Zustimmung zu Ihrem Finanzierungsangebot. Oft treffen Kunden viel schneller Entscheidungen, als es Berater vermuten. Diese Berater laufen dann Gefahr, daß mit weiteren Informationen und Argumenten der Kaufentschluß noch einmal überdacht und zurückgenommen wird. Dazu ein typischer Dialog:

Kunde: „Ja, das mache ich dann so."
Berater: „Gerne, achten Sie bitte auch noch auf die Tilgungsverrechnung und die Beleihungshöhe des Objekts sowie auf die Vorfälligkeitsentschädigung bei einer vorzeitigen Rückzahlung des Darlehens."
Kunde: „Was, so kompliziert ist das?"
Berater: „Ja, das ist bei solchen Finanzierungen nun mal so."
Kunde: „Dann überlege ich mir das noch einmal."

Dieses Beispiel sollte auch Sie mahnen: Bei direkten Kaufsignalen gilt es, sofort den Kundenwunsch ohne Umwege zu erfüllen. Die noch offenen Fragen können nach allen Abschlußformalitäten nachgereicht werden. Der Kunde empfindet diese Informationen dann als Teil einer umfassenden und seriösen Beratung.

Indirekte Kaufsignale

Die zweite Form der Kaufsignale, die indirekten Kaufsignale, kann sehr unterschiedlich ausgeprägt sein:

- Ihr Kunde fragt nach Ihrer persönlichen Empfehlung,
- er fragt nach erforderlichen Unterlagen,
- erkundigt sich nach Terminen,
- interessiert sich für den Ablauf der späteren Abwicklung,
- fragt nach Zinszahlungsmodalitäten oder
- der Beteiligung anderer Stellen des Hauses,
- fragt nach der Zeit nach dem Geschäftsabschluß,
- erzählt über die Zeit nach dem Geschäftsabschluß, zum Beispiel über weitere Projekte und Investitionen,
- legt Unterlagen zusammen,
- ergreift Beratungsunterlagen,
- nickt Ihnen verstärkt zu,
- legt Kugelschreiber, Brieftasche oder (Lese-)Brille bereit,
- geht zum nächsten Anliegen über,
- sichert seine gefällte Entscheidung durch Kontrollfragen und Wiederholungen ab,
- wiederholt Ihre Argumente.

Indirekte Kaufsignale werden bei der Wortwahl deutlich. Die Verwendung der Wörter „mein", „mir" oder „mich" sind typische Anzeichen indirekter Kaufsignale. Der Kunde formuliert beispielsweise:

- „Das wäre auch mein Kurs?" oder
- „Diese Kondition gilt dann auch für mich?".

Doppeldeutige Kaufsignale

Sie haben sicher bei diesem langen Überblick einige doppeldeutige indirekte Kaufsignale bemerkt. Auch wenn es in einigen Verkaufsgesprächen Signale gegen einen Abschluß sind, helfen Sie Ihnen als Entscheidungssignale. Ein gedankliches „Nein" werden Sie kaum durch weitere Argumente entkräften. Sollten Sie eine reine Informationsfrage fälschlicherweise als ein Abschlußsignal interpretiert haben, können Sie durch offene Fragen das Finanzierungsgespräch fortsetzen:

- „Was kann ich Ihnen noch erläutern?"
- „Welche Fragen sind noch offen?"
- „Welche Informationen benötigen Sie noch?"
- „Was sollte ich Ihnen noch zu meinem Finanzierungsvorschlag sagen?"

Diese offenen Fragen sind auch Standardreaktionen auf richtig erkannte Kaufsignale. Daraus sehen Sie, daß in doppeldeutigen Kaufsignalen kein Risiko für den erfolgreichen Gesprächsablauf steckt. Der einzige Unterschied: Nach echten Kaufsignalen sind Fragen Ihrer Kunden unwahrscheinlicher als nach doppeldeutigen Kaufsignalen. Die offenen Fragen bereiten den gezielten Einsatz von Abschlußmethoden vor.

3.5.2 Die Abschlußmethoden

Unmittelbar nach der Beobachtung eines oder mehrerer Kaufsignale leiten Sie den Geschäftsabschluß ein. Darunter verstehen wir hier die Zusage des Kunden zu einem Finanzierungsvorschlag. Das muß nicht immer die rechtsverbindliche Zusage – zum Beispiel eine Unterschrift unter einen Kreditvertrag – sein, oft wird es nur eine „moralische" Zusage – zum Beispiel die Aussage „Das können wir so festhalten" – sein.

Es stehen Ihnen sehr unterschiedliche Abschlußmethoden zur Verfügung, die Sie situationsgerecht einsetzen können. Ziel der einzelnen Abschlußmethoden ist es, dem Kunden die Entscheidung zum Abschluß zu erleichtern – es ist kein Ziel, einen Kunden zum Abschluß zu überreden (Gesprächsstörer) oder auszutricksen. Sie zielen auf einen fairen Abschluß mit ihrem Kunden und nicht auf den schon erwähnten Abschuß.

Abschlußmethode 1: Empfehlen

Die Abschlußentscheidung soll Kunden durch eine eindeutige Empfehlung leichter gemacht werden. Dennoch sollten Sie nicht Ihren Kunden die Entscheidung abnehmen. Die Entscheidung hat der Kunde zu fällen, nicht der Berater. Ein klares Beispiel:

Kunde: „Was soll ich denn jetzt mit dieser Finanzierung tun?"
Berater: „In Ihrer Situation empfehle ich Ihnen ...; alle Ihre Vorstellungen werden durch ... erfüllt."

Hier wünscht der Kunde, und das auch ausdrücklich, die Empfehlung des kompetenten Bankmitarbeiters. Mit der Verwendung des Wortes „Ich" drückt der Berater seine Fachkompetenz aus. Selbstverständlich übernimmt er einen Teil der Verantwortung für den Nutzen des Finanzierungsvorschlags. Allerdings würde diese Verantwortung auch bei einer anderen Wortwahl aus Kundensicht auf ihn fallen.

Auch ohne die Kundenbitte um eine Empfehlung ist das „Empfehlen" ein bewährter Weg zum Abschluß. Nach der Angebotspräsentation stellt der Berater die offene Frage vor dem Abschluß, z. B. „Was ist im Moment noch offen?". Wünscht der Kunde keine weiteren Informationen, ist die Empfehlung angebracht. Empfehlungen können auch ohne das Wort empfehlen ausgesprochen werden:

- „Ich schlage Ihnen vor ..." oder
- „Dann rate ich Ihnen zu ...".

Empfehlungen sind immer dann sehr erfolgreich, wenn die Empfehlung mit zwei bis drei konkreten Begründungen unterlegt wird. Diese Begründungen sollten den Wünschen des Kunden – die Sie aus der Bedarfsermittlung kennen – entsprechen.

Abschlußmethode 2: Direkt bestätigen

Der Kunde signalisiert mit einer Äußerung seinen klaren Abschlußwillen. Diesen Abschlußwillen setzt die Methode des direkten Bestätigens voraus. Es gehört Fingerspitzengefühl und Erfahrung für deren sicheren Einsatz dazu:

Kunde: „Ich glaube, daß das mit der monatlichen Rate so machbar ist."
Berater: „Gut. Dann mache ich Ihnen alle Unterlagen fertig. – Ab wann möchten Sie den Betrag zur Verfügung haben?"

Mit einem kurzen Kontrollblick zum Kunden sind weitere direkte Bestätigungen der Kundenaussage wirksam:

- „Herr Kaiser, dann machen wir es so wie besprochen?"
- „Dann bereite ich Ihnen alles vor."
- „Frau Schneider, damit haben Sie sich für ... entschieden."

Wählen Sie nur bei eindeutigen Kaufsignalen Ihrer Kunden das direkte Bestätigen. Bei weniger deutlichen und bei unsicheren Zeichen ziehen Sie besser andere Abschlußmethoden vor. Sie erhöhen die Abschlußwahrscheinlichkeit mit der Wahl der situationsgerechten Methode.

Abschlußmethode 3: Zusammenfassen

Berater: „Was sollte ich Ihnen zu Ihrer Finanzierung noch erläutern?"
Kunde: „Danke, ich habe keine Fragen mehr. Das war alles soweit klar von Ihnen."
Berater: „Dann halte ich noch einmal fest: Sie wünschen einen festen Zins, wollen schon bald wieder größere Beträge zurückzahlen und einen niedrigen Auszahlungskurs?"
Kunde: „Ja, so ist es"
Berater: „Dann empfehle ich Ihnen die XY-Bankfinanzierung mit variablen Zinsen. Sie erreichen damit alle Ihre Vorstellungen."

In dem Musterdialog verengt der Berater mit der Zusammenfassung die Gesprächsinhalte auf die bereits geäußerten Kundenwünsche. Alle anderen Aussagen werden vernachlässigt. Die Wahrscheinlichkeit einer Zusage durch den Kunden wird deutlich erhöht.

Nach dem Motto „Aus den Augen, aus dem Sinn" kann Zusammenfassen auch schriftlich eingesetzt werden. Dem Inhalt der Zusammenfassung wird – optisch – ein Angebot gegenübergestellt. Die unausgesprochene Aufforderung lautet „Nur wenn Sie dieses Angebot wählen, realisieren Sie alle Ihre geäußerten Wünsche". Weitere zusammenfassende Initiativen:

- „Ich fasse jetzt meinen Vorschlag noch einmal für Sie kurz zusammen: ..."
- „Hier noch einmal die wichtigsten Punkte des Angebots ..." oder
- „Ich halte noch einmal einige wichtige Merkmale meines Vorschlags für Sie fest"

Abschlußmethode 4: Alternativfragen stellen

Sie bieten bei dieser Abschlußmethode Ihrem Kunden zwei Alternativen für seine Abschlußentscheidung an. Aus dem bisherigen Verlauf des Kreditgesprächs sind beide Alternativen denkbare Entscheidungsvarianten für Ihren Kunden. Der Gedanke, ob der Kunde überhaupt abschließen soll, wird durch die Frage nach der Form des Abschlusses verdrängt. Einige Beispiele:

- „Möchten Sie lieber eine persönliche oder eine verbundene Lebensversicherung abschließen?"

Das systematische Kreditgespräch 89

- „Soll der Vertrag ab sofort oder besser erst ab dem nächsten Monat laufen?"
- „Sollen diese Wertpapiere verkauft werden oder im Depot verpfändet werden? "
- „Möchten Sie den Betrag in einer Summe oder in kleineren Teilbeträgen ausbezahlt bekommen?"

Unter den Gesprächssteuerern ist diese Abschlußmethode schon ausführlich dargestellt worden. Dort finden Sie auch noch weitere Beispiele.

Abschlußmethode 5: Ja-Fragen stellen

Der Finanzierungsberater stellt seinem Kunden gezielt eine Reihe von Fragen. Alle Fragen werden mit großer Sicherheit mit „Ja" beantwortet, da der Kunde im Laufe des Gesprächs schon Hinweise dazu gegeben hat. Die letzte Frage in der Fragenreihe soll mit der Zustimmung zum Geschäftsabschluß beantwortet werden, also ebenfalls mit „Ja".

Berater: „Sie zahlen im Moment 9,5 % Zinsen?"
Kunde: „Ja. "
Berater: „Und wünschen sich jetzt einen zusätzlichen Betrag und gleichzeitig günstigere Zinsen?"
Kunde: „Ja, natürlich."
Berater: „Dann lösen wir die alte Finanzierung ab und vereinbaren eine neue Finanzierung über insgesamt 30.000 DM zu dem aktuellen Zins von 8,25 %."
Kunde: „Ja, damit bin ich einverstanden."

Die Ja-Fragen in diesem Beispiel sind für den Kunden fair (d. h. vorteilsbezogen) gestellt. Hochdruckverkäufer neigen ebenfalls zu „Ja-Fragen-Straßen", die Kunden oftmals keine (faire) Antwortchance lassen. Dies ist allerdings nicht im Sinne unserer Geschäftspartnerschaft mit dem Ziel der dauerhaften Geschäftsverbindung zu unseren Kunden.

Ja-Fragen haben besonders dort ihren Sinn, wo Sie sich klar sind über die Kundenwünsche sowie den Nutzen Ihres Angebots für Ihren Kunden, und der Kunde große Entscheidungsängste zeigt.

Abschlußmethode 6: Teilentscheidungen herbeiführen

Der Berater stellt seinem Kunden Fragen, ähnlich wie bei der vorangegangenen Abschlußmethode. Mit jeder Frage trifft der Kunde eine Teilentscheidung. Durch mehrere Teilentscheidungen legt er sich – nach aller Logik – auf den Abschluß fest. Nur mit einem seinen Teilentscheidungen widersprechenden Verhalten kann er auf den Geschäftsabschluß verzichten.

Die Teilentscheidungen können mit unterschiedlichen Frageformen herbeigeführt werden: Mit offenen, geschlossenen, direkten und indirekten Fragen sowie Suggestiv- und Alternativfragen. Beispiele:

- „Was ist Ihr wichtigstes Ziel?"
- „Zahlen Sie lieber regelmäßig oder zu unterschiedlichen Terminen?"
- „Soll es immer der gleiche Betrag sein?"

Abschlußmethode 7: Auffordern

Die Abschlußentscheidung wird bei dieser Methode dem Kunden zum Teil abgenommen. Der Finanzierungsberater suggeriert mit dem Auffordern „An Ihrer Stelle würde ich das so machen, weil ...":

- „Entschließen Sie sich noch heute für diesen Finanzierungsvorschlag. Sie sichern sich den günstigeren Auszahlungskurs. Ab Montag erhalten Sie schon einen Prozentpunkt weniger ausgezahlt: und das bei gleichen Zinsen."
- „Dann nehmen Sie doch am besten den 15. eines jeden Monats. Sie sind bei diesem Termin immer sicher, daß Ihr Gehalt schon eingegangen ist. Auf welchem Konto ...?"
- „Entscheiden Sie sich am besten für eine Zwischenanlage. Diese Zinsen sollten Sie sich nicht entgehen lassen. Zu welchem Termin soll ich Ihnen ...?"

Der Berater verbindet mit den Aufforderungen einen belohnenden Reiz und eine Verfahrensfrage. Beantwortet der Kunde die Verfahrensfragen wie „Wieviel ...?", „Auf welchem ...?" und „Zu welchem Termin ...?" stimmt er der gesamten Aufforderung zu. Der Abschluß ist damit vereinbart.

Die Abschlußmethode Auffordern macht die Entscheidung dringend. Insbesondere in der Verbindung mit Konditionenänderungen entsteht schnell der Eindruck der Erpressung. Setzen Sie Auffordern nicht im erpresserischen Sinne ein. Wenn Sie Ihren Kunden zur Entscheidung auffordern und er dadurch sichere Vorteile erzielt, so ist Ihr Verhalten im Sinne der Geschäftspartnerschaft.

Abschlußmethode 8: Zustimmung zum Prinzip einholen

Diese elegante und wirksame Methode wird leider noch viel zu selten eingesetzt. Hier einige Formulierungsbeispiele:

- „Findet diese kombinierte Finanzierung Ihre Zustimmung?"
- „Sind Sie prinzipiell mit dem Verfahren einverstanden?"
- „Können wir erst die Grundlagen unserer Zusammenarbeit und dann die Einzelheiten vereinbaren?"
- „Sind Sie grundsätzlich damit einverstanden, daß ...?"
- „Stimmen Sie mir im Prinzip zu?"

Der Berater zielt auf eine allgemeine Übereinkunft mit seinem Kunden. Hat der Kunde die prinzipielle Zustimmung gegeben, ist der endgültige Abschluß sehr wahrscheinlich. Die Detailfragen werden anschließend oder zu einem späteren Zeitpunkt geklärt.

Abschlußmethode 9: Plus-Minus-Methode anwenden

Unter der Plus-Minus-Methode wird die optische Gegenüberstellung von Vor- und Nachteilen eines Angebots mit vertrauensschaffenden Fragen verstanden. Wichtiger als die Vorteile sind die Nachteile, die der Kunde nennen soll. Dabei helfen die Fragen wie „Welche Nachteile sehen Sie bei meinem Angebot?", „Haben wir alle Nachteile?" oder „Was ist für Sie der wichtigste Nachteil?". Beantwortet der Kunde diese Fragen, hat der Berater die entscheidenden Abschlußhindernisse erfahren. Jetzt kann er Sie entweder ausräumen oder mit der Methode 10 eine Konzession anbieten.

Wirkungsvoll ist das Auflisten der Minuspunkte (als Checkliste) auf einem Beratungsbogen. Anschließend werden diese Minuspunkte Punkt für Punkt besprochen und ausgeräumt. Das Ausräumen der einzelnen Checkpunkte endet jeweils mit dem Ausstreichen des betreffenden Minuspunktes auf dem Beratungsbogen. Am Ende bleibt der leere Bogen mit der sinngemäßen Aussage: Diese Finanzierung hat nur Vorteile für Sie!

Abschlußmethode 10: Konzession anbieten

Der Finanzierungsberater bietet ein Entgegenkommen, eine Konzession, für die Abschlußentscheidung des Kunden an. Typischerweise lautet die Aussage:

- „Wenn ich Ihnen in diesem Punkt (Auszahlungskurs, Schätzgebühren, Bereitstellungsprovision usw.) entgegenkomme, kommen wir dann zusammen?"

Die Konzession kann der Berater mit einer Gegenleistung verbinden. Die Ertragsseite der Bank wird berücksichtigt und dem Kunden wird dokumentiert, daß nur Leistung (= Konzession) und Gegenleistung zusammen möglich sind. Gibt der Berater ohne Gegenleistung nach, könnte bei seinem Kunden der Eindruck entstehen, daß in dem ursprünglichen Finanzierungsangebot „Luft" war.

Nach der Abschlußmethode

Gehen Sie von den Abschlußmethoden direkt zu den einzelnen Formalitäten des Abschlusses über. Achten Sie darauf, daß zwischen der Entscheidung des Kunden und dem Ausfüllen von Formularen und anderen Tätigkeiten keine lange Unterbrechung eintritt. Zeigen Sie durch Ihr Verhalten, daß er keine außergewöhnliche Entscheidung, sondern die richtige Entscheidung getroffen hat. Bestätigen Sie Ihren Kunden nach dessen Abschlußentscheidung durch einen Kaufverstärker.

Kauf- oder Abschlußverstärker unterstützen Kunden in der Gewißheit, daß sie richtig gewählt haben. Kaufverstärker sollen später auftauchende Reuegedanken reduzieren:

- „Sie haben eine gute Entscheidung getroffen. Für volle fünf Jahre sind Ihnen die günstigen Zinsen garantiert." oder
- „Mit dieser Finanzierungsform haben Sie zwei wichtige Ziele erreicht: jederzeit marktgerechte Zinsen und Flexibilität."

Abschlußverstärker verfestigen die wichtigsten Angebotsvorteile für den Kunden. Im übertragenen Sinne lauten die Verstärkerformulierungen:

- „Ihre Entscheidung ist deshalb richtig und vorteilhaft für Sie, weil ..."

3.5.3 Die Vorwandbeantwortung

Vorwände sind eng verwandt mit Einwänden. Einwände stellen tatsächliche Hemmnisse vor einem Geschäftsabschluß dar. Vorwände sind solche Hemmnisse, die vom Kunden an Stelle seiner tatsächlichen Hemmnisse vorgebracht werden. Häufig will er einen längst getroffenen Entschluß nicht mehr revidieren. Er will noch nicht abschließen, bei einem anderen Anbieter abschließen oder er möchte das tatsächliche Hemmnis vor einer positiven Abschlußentscheidung nicht nennen. Er schiebt einen Vorwand vor. Gerne verwendete Vorwände lauten:

- „Das muß ich mir erst noch einmal überlegen"
- „Ich melde mich wieder bei Ihnen."
- „Da muß ich noch mit meiner Frau (Mann, Steuerberater, Aufsichtsrat, Buchhalter usw.) sprechen."
- „Ich rufe Sie dann wieder an."
- „Ich habe jetzt keine Zeit mehr."
- „Wenn es soweit ist, komme ich dann wieder bei Ihnen vorbei."

Für den Berater ist es jetzt wichtig, daß er die Initiative behält. Antworten wie:

- „Bitte überlegen Sie sich das in aller Ruhe." oder
- „Reden Sie erst mit Ihrer Frau und kommen Sie anschließend wieder vorbei."

bringen den Berater in eine abwartende Rolle. Er hat vor dem Vorwand mit der Finanzierungsberatung viel Zeit und Energie in seinen Kunden investiert. Sein Ziel, der Geschäftsabschluß, hängt nun vollkommen von den Aktivitäten des Kunden ab: Der Kunde kann wieder kommen, in vielen Fällen wird der Berater allerdings vergebens auf einen erneuten Besuch warten. Seine Kundenberatung war eine glatte Fehlinvestition.

Daraus ergibt sich, daß nur Reaktionen, die dem Berater die Aktivität für den weiteren Kontakt belassen, konstruktiv sind. Riskant ist dabei jedoch „überhartes" Vorgehen im Sinne von Hochdruckverkauf. Unterstellen Sie bei allen Vorwänden, daß Ihr Kunde Ihnen die Wahrheit sagt. Wenn Sie an diesen wahren Kern der Kundenaussagen anknüpfen, haben Sie die Grundlage für erfolgreiche Reaktionen auf Vorwände. Hier einige konstruktive Beispiele zu den oben aufgeführten Vorwänden:

- „Bis wann werden Sie sich das überlegt haben?"
- „Wann kann ich damit rechnen, daß Sie sich wieder melden?"
- „Was halten Sie davon, wenn wir das Gespräch zu Dritt mit ... (Ihrer Frau, Ihrem Mann, einem Aufsichtsratsmitglied, Ihrem Steuerberater usw.) fortsetzen?"
- „Bis wann werden Sie wieder anrufen?" (...) „Wenn Sie mich bis (Ende der Woche) nicht erreicht haben, werde ich mich bei Ihnen wieder melden, ja?"
- „Was ist Ihnen lieber: Sollen wir einen Ihnen passenden Termin zur Fortsetzung unseres Gesprächs vereinbaren oder soll ich Ihnen jetzt schnell alles fertigmachen?"
- „Das freut mich. Bis wann kann ich mit Ihrem Besuch rechnen?"

Neben diesen speziellen Reaktionsmöglichkeiten sind auch allgemeine Fragen zur Vorwandausräumung geeignet:

- „Was kann ich Ihnen jetzt noch beantworten?"
- „Welche Informationen benötigen Sie noch?"
- „Was stört Sie an meinem Angebot?"
- „Was hindert Sie, sich jetzt zu entscheiden?"
- „Welche Fragen sind noch offen?"

Diese offenen Fragen zielen auf Hinderungsfaktoren zum Kreditabschluß. In dieser Gesprächsphase helfen Ihnen positive Argumente oder positiv gestellte Fragen nicht mehr weiter. Es gilt, schnell und klar den oder die Hinderungsfaktoren Ihrer Kunden zu erfahren. Gedanklich lauten diese Fragen „Warum schließen Sie heute (noch) nicht ab?".

Werden Sie durch Ihre Vorwandbehandlung nicht aufdringlich. Eine Regel schützt Sie vor aggressiven Verkaufsmethoden:

Steigen Sie spätestens nach dem dritten Vorwand elegant aus der Beratung aus!

Dazu einige Formulierungsvorschläge:

- „Gut. Dann schlage ich Ihnen vor, daß Sie sich alle Unterlagen noch einmal anschauen. Ich lege Ihnen meine Visitenkarte dazu. Dort finden Sie auch meine Telefonnummer, unter der Sie mich während der üblichen Geschäftszeiten erreichen können."

- „Gut. Bitte geben Sie mir Ihre Telefonnummer, daß ich Sie anrufen kann, wenn sich in der Zwischenzeit etwas ändern sollte (z. B. Zinssätze)."
- „Was halten Sie davon, wenn ich Sie in einigen Tagen noch einmal anrufe? Sie konnten dann den Vorschlag noch einmal überdenken und ich kann Sie über die Zinsentwicklung informieren."

Die Antworten auf die Vorwände geben Ihnen zusätzliche Informationen für die Fortsetzung des Finanzierungsgesprächs. Sie erfahren in der Regel, ob es sich um Vorwände handelt, die Sie wie andere Einwände behandeln können oder ob es sich um umschriebene Ablehnungen Ihres Angebots handelt. Solche Ablehnungen können Sie noch kurz auf die Festigkeit überprüfen. Bei festen Entscheidungen gehen Sie weiter zur Gesprächstufe 5, dem Zusatzverkauf (siehe Kapitel 4.1.1).

Einen wichtigen taktischen Grundsatz gilt es rund um das Abschlußverhalten zu berücksichtigen:

Der Letzte macht immer das Geschäft!

Sicher ein Erfahrungswert und gleichzeitig eine verkäuferische Banalität. Doch welcher Verkäufer von Finanzierungen handelt konsequent nach diesem Grundsatz?

Sie verbessern Ihre Abschlußwahrscheinlichkeit ganz erheblich, wenn Sie nach diesem Grundsatz verfahren und als letzter Anbieter mit Ihren Kunden und vor allem Nichtkunden verhandeln. Suchen Sie immer im Vorfeld des Verkaufsgesprächs nach logischen Begründungen für den spätestmöglichen Termin – Sie wollen ja sicher der Letzte (= letzter Gesprächspartner vor der Finanzierungsentscheidung) bei Ihren Kunden sein. Hier einige Vorschläge:

- „Dann schlage ich Ihnen folgendes Verfahren vor: Lassen Sie sich von Ihrer Hausbank ein detailliertes Angebot unterbreiten. Ihre Bank kennt Sie ja besonders gut. Bitte bringen Sie dieses Angebot zu unserem nächsten Termin mit und ich unterbreite Ihnen dann eine attraktive Alternative."
- „Gerne kann ich Ihnen heute einen Finanzierungsrahmen aufzeigen. Sie führen dann die weiteren Gespräche, da Sie ja vergleichen wollen. Bevor Sie sich dann entscheiden, setzen wir uns noch einmal zusam-

men und ich kann dann alle Ihre zusätzlichen Wünsche in mein Angebot einbauen."
- „Bis wann benötigen Sie den Betrag?" ... „Dann sollten wir einen Termin absprechen, der Ihnen die Finanzierungsmittel rechtzeitig sichert, Sie aber schon bei anderen Banken verglichen haben. Was halten Sie davon?"

Nicht jeder Kunde wird auf diese Verfahrensvorschläge eingehen – dennoch lohnt sich der Versuch. Wenn Sie nur bei jedem zweiten oder dritten Anfrager oder Kunden der Letzte sind, haben Sie Ihre Abschlußwahrscheinlichkeit erheblich gesteigert. Der Idealfall, Sie sind der erste Ansprechpartner und gleichzeitig auch der letzte (d. h. Ihr Kunde schließt bei Ihnen sofort ab) wird in der gegenwärtigen Wettbewerbssituation immer unwahrscheinlicher.

3.5.4 Die Einkommensunterlagen und Sicherheiten

Finanzierungsgespräche sind durch einige heikle Themen gekennzeichnet: Im Gegensatz zu Anlagegesprächen gilt es, nach Einkommensunterlagen und Sicherheiten zu fragen (Bonitätsprüfung) sowie in besonderen Situationen den Finanzierungswunsch abzulehnen (= Nein-Verkauf; siehe nächstes Kapitel).

Einkommensunterlagen

Fragen nach dem Einkommen Ihrer Kunden sind fester Bestandteil jeder Finanzierungsberatung. Sprechen Sie dieses Thema – wie auch alle anderen „belastenden" Themen – wie die größte Selbstverständlichkeit an; tatsächlich ist das Einkommensthema auch ein selbstverständliches Thema für einen Finanzierungskunden. Er ist sich darüber im klaren, daß das Kreditinstitut nach dem Einkommen fragen muß.

Warten Sie mit der Frage nach dem Kundeneinkommen nicht bis zum Ende der Beratung. Dann würde die Einkommensproblematik lange nachwirken und die Abschlußentscheidung des Kunden beeinträchtigen. Der richtige Zeitpunkt ist die Bedarfsermittlung im systematischen Kreditgespräch. Sie erinnern sich (Kapitel 3.3): Eine Vorbereitung auf die Bedarfsermittlung könnte zum Beispiel sein:

- „Damit ich Ihnen heute das günstigste Finanzierungsangebot unterbreiten kann, benötige ich von Ihnen einige Informationen und Unterlagen".

Mit den Stichworten „Informationen" und „Unterlagen" sind Ihre Fragen nach den Einkommenszahlen und den Einkommensbelegen vorbereitet. Der positive Reiz („... das günstigste Finanzierungsangebot") in der Begründungsformulierung soll die Vorbehalte der Kunden reduzieren. Vermeiden Sie als Finanzierungsberater die Problematisierung der Einkommensfrage. Deshalb sollten Sie keine besondere Ankündigung vornehmen („... und jetzt muß ich Sie noch nach etwas ganz Wichtigem fragen ...") oder gar eine Entschuldigung („Entschuldigen Sie bitte, daß ich Sie jetzt noch nach Ihrem Einkommen fragen muß.").

Noch einmal: Fragen nach dem Einkommen sind fester Bestandteil der Finanzierungsberatung und – auch für Ihre Kunden – selbstverständlich.

Bilanzen

Die Ausführungen über die Einkommensunterlagen haben auch für die Anforderung von Kundenbilanzen Gültigkeit. Hier ist in den letzten Jahren ein deutlicher Wandel im Verhalten von Kreditinstituten und Kreditkunden eingetreten. In den 70er-Jahren mußten Sie immer wieder die Kundenaussage hören:

- „Die XY-Bank verlangt von mir keine Bilanzen; dann erwarte ich auch von Ihnen, daß Sie die Finanzierung ohne Einsicht in meine Bilanz vornehmen".

Durch die stärkeren Überprüfungen der Instituts- und Verbandsrevisionen sowie der staatlichen Aufsicht ist die Kreditvergabe nach Bilanzeinsicht heute üblich geworden. Eine Ausnahme bilden noch einige wenige „Altsünden", also Fälle, in denen Kunden in früheren Zeiten größere Finanzierungsmittel ohne Bilanzeinsicht erhielten. Besprechen Sie diese Sonderfälle mit Ihrer Geschäfts- oder Kreditleitung. Dann kann es nur eine Verfahrensweise geben: Sie signalisieren Ihrem Kunden, daß die Bilanzeinsicht notwendige und unerläßliche Voraussetzung für die Aufrechterhaltung von Finanzierungen über 100.000 DM ist (gemäß § 18 KWG). Ein Formulierungsvorschlag:

- „Herr Müller, die Einsicht in Ihre testierte Bilanz des vergangenen Jahres ist Voraussetzung für die weitere Mittelbereitstellung. Bis wann ...?"

Einige wenige Kunden reagieren verärgert und fragen „Vertrauen Sie mir nicht mehr?". Antworten Sie offensiv mit dem Weg 9 unserer Einwandbeantwortungstechniken:

- „Gerade weil ich Ihnen weiterhin vertraue, Herr Müller, bitte ich Sie um die Bilanz. Würde ich Ihnen nicht vertrauen, dann bräuchte ich nicht nach Ihrer Bilanz zu fragen. Mein Ziel ist es, Ihnen die Finanzierungsmittel weiterhin zur Verfügung stellen zu können."

In sehr schwierigen Gesprächen über die Einsicht der Kundenbilanz bleibt noch die – allerdings etwas aggressive – Gegenfrage:

- „Herr Müller, was hindert Sie, mir Einsicht in Ihre Bilanz zu gewähren?"

Die Antwort auf diese Frage kann Ihnen die Basis für eine sachliche Begründung Ihrer notwendigen Bitte geben.

Sicherheiten

Das Kreditgespräch läuft bisher harmonisch ab. Nur ein wichtiges Thema ist noch nicht angesprochen worden, die Absicherung der Finanzierung. Unsichere Berater kündigen mit einem Überraschungsangriff plötzlich den unangenehmen Gesprächsabschnitt an:

- „So, und jetzt muß ich auch noch mit Ihnen über die Absicherungsmöglichkeiten sprechen. Was haben Sie zu bieten?"

Oder Sie drohen wortgewaltig:

- „Jetzt müssen Sie noch Sicherheiten stellen ..."

Sicher gibt es auch geschicktere Wege zum gleichen Ziel, nämlich Sicherheitenvorschläge zu erhalten:

1. Nach der schon mehrfach erwähnten Begründung fragt der Finanzierungsberater:

- „Welche Sicherheiten möchten Sie stellen?" (Pause) „Zum Beispiel ...?"

Vorteile: Die Fragen werden für den Kunden begründet; er kann selbst konstruktive Vorschläge machen: Abwertungen des Kreditkunden werden vermieden.

2. Der Finanzierungsberater spricht mit seinem Kunden:

- „Natürlich gibt es bestimmte Voraussetzungen für unsere Finanzierungsvereinbarung. Dazu zählen auch die Sicherheiten. An was, Frau Berger, haben Sie gedacht?"

Vorteile: Die Frage ist begründet; die Sicherheiten werden mit Kundennutzen verbunden; Abwertungen werden vermieden.

3. Der Finanzierungsberater hat alle persönlichen Informationen erfragt und den Kredit in allen Details erläutert. Nur das Thema Absicherung ist noch offen. Jetzt stellt er eine Frage und legt anschließend eine Wirkungspause ein:

„Herr Krause, Sie haben mich noch nicht nach Sicherheiten gefragt?"

Vorteile: Es erfolgt keine bedrohliche Ankündigung; der Kunde kann Vorschläge bringen; Abwertungen werden auch bei dieser Vorgehensweise vermieden.

Bei diesen Wegen wird das Negativthema ‚Absicherung der Finanzierung' offen angesprochen. Der Finanzierungskunde wird konstruktive Angebote unterbreiten, da er an einer Finanzierung interessiert ist.

3.5.5 Der Nein-Verkauf

In den meisten Beratungs- und Verkaufsgesprächen in Kreditinstituten ist das wichtigste Gesprächsziel, Leistungen zu verkaufen. Im Gegensatz dazu werden bei Kreditgesprächen nach der intensiven Prüfung von Kreditanträgen auch ablehnende Entscheidungen getroffen. Sie als Finanzierungsberater oder die Entscheidungsträger Ihres Instituts verzichten bewußt auf mögliche (schlechte) Geschäftsabschlüsse. Die Ablehnung, das „Nein" zu verkaufen, wird zu einer Aufgabe, die Fingerspitzengefühl verlangt.

Schroffe und direkte Ablehnungen von Kundenanträgen ohne kundenorientierte Verhaltenselemente können eine Reihe unangenehmer Folgen auslösen:

- Der Kunde ist verärgert;
- Der Kunde trägt die Verärgerung in seinen Bekanntenkreis weiter;
- Der Kunde sucht nach realisierbaren Alternativen zu seinem ursprünglichen Wunsch;
- Der Kunde beendet die Zusammenarbeit mit der Bank;
- Der Kunde verzichtet auf andere Geschäfte mit der Bank, die von der Ablehnung nicht berührt werden;
- Der Kunde schließt künftige – auch machbare – Geschäfte bei anderen Banken ab.

Die schnellen und unüberlegten Absagen von heute können morgen Marktverluste bewirken. Nutznießer von wenig kundenorientierten Ablehnungen sind immer Ihre Mitbewerber, da verärgerte Kunden schnell mit anderen Kreditinstituten Kontakt aufnehmen. Je dringlicher der Bedarf nach einer Finanzierung empfunden wird, desto eher ist der Kunde bereit, auch weniger günstige alternative Leistungen zu akzeptieren. Berater anderer Banken sehen die gesamte zu gewinnende Kundenverbindung – Sie verzichten somit nicht nur auf das abgelehnte Einzelgeschäft, sondern auch auf die gesamte bisherige Verbindung.

Der kundenorientierte „Nein-Verkauf" berücksichtigt vier Grundsätze:

1. Grundsatz: Alternativen statt Ablehnung

Haben Sie Verständnis für die Finanzierungswünsche, auch die nichterfüllbaren, Ihrer Kunden. Forsche Ablehnungen lösen in den seltensten Gesprächssituationen Verständnis bei Ihrem Partner aus. Je nach dessen Temperament wird er eher resignieren, verärgert sein oder sich unverstanden fühlen. Häufig empfinden Kreditkunden eine Ablehnung als Kränkung Ihres Geltungsbedürfnisses.

Zeigen Sie Alternativen zu Ihrer Ablehnung auf; selbst dann, wenn der Kunde die Voraussetzungen für die Finanzierungsalternative nicht vollständig erfüllen kann: Wenn Leistungsraten nicht tragbar sind, sprechen Sie über längere Laufzeiten, einen geringeren Finanzierungsbetrag oder eine andere Finanzierungsform. Wenn das zu finanzierende Objekt Mängel aufweist, zeigen Sie Verbesserungsmöglichkeiten auf usw.

2. Grundsatz: Der Kunde soll die Entscheidung treffen

Versetzen Sie sich in die Lage Ihres Kunden. Argumentieren Sie so, daß es in seinem Sinne ist, wenn sein Finanzierungsantrag nicht zum Geschäftsabschluß mit dem Kreditinstitut führt. Wenn Sie kundenorientiert den Vorteilen insbesondere die Risiken und Nachteile gegenüberstellen, kommt der Kunde oft sehr schnell zum Entschluß, daß der Kreditwunsch unrealistisch ist. Halten Sie ihm Äußerungen entgegen wie:

- „Überprüfen Sie noch einmal das ... und ...";

- „Bedenken Sie in aller Ruhe die Auswirkungen ... Ihres Finanzierungsantrages" oder

■ „Überlegen Sie bitte zu ... alternative Lösungen. Aus meiner Sicht wäre ... denkbar.".

Anschließend bieten Sie Ihrem Kunden am besten ein Folgegespräch an, bei dem Sie über den abgeänderten Kreditwunsch sprechen können. Der kunden- und verkaufsorientierte Nein-Verkauf sorgt für Kontaktsicherung.

3. Grundsatz: Argumente für Alternativen

Nachdem der Kunde seinen Antrag zurückgezogen hat oder zumindest noch einmal überprüfen will, sollten Sie ihm Argumente für alternative Lösungen nahebringen. Sie erbringen dadurch eine Beratungsleistung, die Sie als universellen und versierten Berater ausweist. Denken Sie dabei besonders an kundenspezifische Formulierungen; vermeiden Sie alle Gesprächsstörer.

In Ausnahmefällen können Sie keine Alternativen vorschlagen, da Sie selbst nach einem überarbeiteten Kreditantrag keine Möglichkeit der Zusammenarbeit sehen. Der Dank für den Kundenwunsch nach Zusammenarbeit, der Dank für das entgegengebrachte Vertrauen in Ihr Kreditinstitut, leitet das Gespräch auf die Verabschiedung über. Bekräftigen Sie, daß das Objekt/Projekt und nicht die Person des Kunden Gegenstand der Ablehnung ist. Erinnern Sie Ihren Kunden noch einmal an den Nutzen, den er aus der nicht getroffenen Kreditvereinbarung zieht.

4. Grundsatz: Gemeinsames Verfahren

Suchen Sie mit Ihrem Kunden für das weitere Vorgehen ein gemeinsames Verfahren. Dieses Vorgehen wird von den vorgeschlagenen und akzeptierten Alternativen und Bedingungen bestimmt. Eine gute Grundlage für die künftige Zusammenarbeit ist die Überzeugung des Kunden, daß Sie ihn vor einer großen Fehlentscheidung geschützt haben.

Betonen Sie abschließend das Interesse an einer weiteren Zusammenarbeit. Gerade Kreditkunden, die eine Ablehnung erfahren haben, sind abwanderungsgefährdet. Pflegen Sie auch diese Kunden intensiv: Bei privaten Kunden möchten Sie nach der Ablehnung des Kleinkredits weiter das Privatgirokonto führen, den vermögenswirksamen Sparvertrag halten und Reisezahlungsmittel verkaufen, bei Firmenkunden führen Sie gerne das Geschäftsgirokonto weiter, übernehmen den Zahlungsverkehr, Einlagen, den Außenhandels-Service usw. Schauen Sie bitte bei dem gemeinsamen Verfahren über den Tellerrand des Kreditgeschäfts hinaus: der Cross-Selling-Gedanke (siehe Abschnitt 4.1.1) leitet Sie auch zur Sicherung kreditfremder Geschäfte.

Ablehnungen von Finanzierungen, die die vier Grundsätze des Nein-Verkaufs berücksichtigen, werden von Ihren Kunden akzeptiert. Ihre Kunden sind Ihnen dankbar für die Entscheidungshilfe und bleiben treue Kunden Ihres Hauses. Kundenorientierte Ablehnungen belasten somit nicht die geschäftliche Zusammenarbeit; sie führen häufig zu einer engeren Bindung des Kunden an die Bank.

3.6 Die Kontaktsicherung

Nach der Stufe 4 (= Abschluß) folgt in der Chronologie des systematischen Kreditgesprächs die Stufe 5, der Zusatzverkauf. Diese Gesprächsstufe wird später im Abschnitt 4.1.1 ausführlich unter dem Kapitel „Die Formen des aktiven Kreditverkaufs" beschrieben.

Die letzte Stufe des systematischen Kreditgesprächs ist die Kontaktsicherung: Als Finanzierungsberater denken Sie dabei weniger an das schnelle Beenden des Gesprächs als an eine positive Nachwirkung bei Ihren Kunden. Ziel der Verabschiedung ist es, die Grundlage für weitere erfolgreiche Gespräche – nicht nur Finanzierungsgespräche – mit dem Kunden und dessen Bezugspersonen zu schaffen.

Die Verabschiedung als wesentlicher Teil der Kontaktsicherung wirkt besonders intensiv auf die Zeit nach dem Gespräch. Vermeiden Sie deshalb alles, was Ihren Kunden abwerten und verunsichern könnte. So wie der erste Eindruck von einem anderen Menschen lange haften bleibt, so ist auch der letzte Eindruck von besonderer Wirkung. Die Gesprächseröffnung leitet harmonisch Kreditgespräche ein, die Kontaktsicherung soll mit der persönlichen Bindung, einer Verfahrenszusammenfassung, einem abschließenden Kontaktthema und dem Abschied im engeren Sinne das systematische Kreditgespräch abrunden.

Persönliche Bindung

Im Verlauf des Finanzierungsgesprächs ist das Vertrauen des Kunden in den Berater gewachsen. Der Berater hat sich als kompetenter Gesprächspartner für Finanzierungen bei seinem Kunden profiliert. Er hat eine Reihe von Maßnahmen ergriffen, um Anonymität im Gespräch und zu dem Kunden zu vermeiden:

- Freundliche Begrüßung,
- Handschlag,
- Anbieten eines Platzes,
- Überreichen der Visitenkarte,
- Sitzanordnung über Eck,
- Getränke zur Auflockerung,
- kundenorientierte Sprache,
- Namensnennung,
- ausreichend Zeit für den Kunden,
- kundenspezifisches Angebot,
- persönliche Zahlenbeispiele usw.

Verstärken Sie die Bindung zwischen Ihnen und Ihren Kunden, bevor Sie auseinandergehen. Wiederholen Sie noch einmal die wichtigsten Ergebnisse des Kreditgesprächs und/oder das vereinbarte weitere Verfahren. Ihr Kunde soll mit einer klaren Information Ihr Kreditinstitut verlassen. Unsicherheiten über das weitere Verfahren (Wer macht eigentlich jetzt was?) belasten die Beziehungen.

Sorgen Sie mit Äußerungen dafür, daß die persönliche Bindung nach der Finanzierungsberatung bestehen bleibt und, wenn möglich, weiter wächst:

- „Bitte wenden Sie sich in allen Bankfragen künftig an mich."
- „Wenn Ihnen noch etwas unklar ist oder sich wider Erwarten Schwierigkeiten ergeben, sprechen Sie mich bitte persönlich an."
- „Sprechen Sie mich in Zukunft bitte in allen Bankangelegenheiten an. Ich würde mich sehr freuen."

Diese oder ähnliche Aufforderungen sollen es Ihren Kunden leichter machen, Sie künftig anzusprechen. Bei einer festen persönlichen Bindung wird der Kunde schneller mit seinen Anliegen auf Ihre Bank oder Sparkasse zukommen; wechselnde Berater erschweren das Entstehen von persönlichen Bindungen. Bankleistungen verkaufen sich besonders erfolgreich, wenn neben den sachlichen Erfordernissen auch die menschliche Seite stimmt. Fordern Sie deshalb Ihre Kunden auf, den Kontakt mit Ihnen zu pflegen.

Kontaktthema

Der Kontakt zu Ihren Kunden wird gefördert, wenn Sie ein abschließendes Kontaktthema ansprechen. Der Bogen schließt sich: Ein Kontaktthema, um Gesprächsatmosphäre zu schaffen (Stufe 1), die kreditorientierten Themen (Stufen 2 bis 5) und ein abschließendes Kontaktthema (Stufe 6) als Übergang vom Geschäftlichen zum Alltäglichen. Mit dem Kontaktthema stellt sich der Kunde auf die Zeit nach dem Gespräch ein: Die Bank- und Verkaufsatmosphäre wird durch die private Atmosphäre ersetzt.

Das Kontaktthema sollte einen gemeinsamen optimistischen und positiven Schluß ermöglichen. Einige Vorschläge für abschließende optimistische Äußerungen:

- „Freuen wir uns zusammen auf ..."
- „Blicken wir mit Optimismus nach vorne ..."
- „Ich freue mich schon jetzt auf ..."
- „Ich kann mir mit Ihnen gut vorstellen, daß ..."
- „Wir werden es erleben, daß ..."

Achten Sie darauf, daß Ihr Kontaktthema nicht übermäßig Zeit in Anspruch nimmt. Ihr Kunde denkt in dieser Stufe oft schon an seine späteren Vorhaben. Er zeigt Ihnen durch seine Körpersprache (Unruhe!), daß er das Gespräch beenden möchte.

Verabschiedung

Greifen Sie seine Signale – Wunsch nach Gesprächsbeendigung – auf und verabschieden Sie ihn freundlich. Stehen Sie mit dem Kunden auf, begleiten Sie ihn noch zur Tür, und reichen Sie ihm die Hand zur Verabschiedung. Ihre Körpersprache ist weiter offen. Sie danken für das Gespräch, den Besuch oder die Zeit, die sich der Kunde genommen hat. Nennen Sie noch einmal den Namen des Kunden. Wenn der Kunde sich von Ihnen abdreht, nehmen Sie wieder Ihren Beratungsplatz ein.

Mit dem abgelaufenen Finanzierungsgespräch ist der Kontakt zu Ihren Kunden nicht beendet. Unabhängig vom Erfolg ist die Kontaktsicherung unerläßlich. Ein Gesprächsende ohne den Ausblick auf den nächsten Gesprächstermin ist ein verkäuferischer Fehler. Anlässe für die Kontaktsicherung gibt es in Fülle:

- Zinsentwicklung, Zinsänderung
- Bearbeitungstermine (Auszahlung)
- Objektbesichtigung
- Gratulation (Richtfest, Einzug, Eröffnung)
- Angebot weiterer Bankleistungen
- Aktualitäten
- Einladung zu Veranstaltungen usw.

Informieren Sie Ihre Kunden über die künftigen Kontakte. Sie werden damit erwartet und sind entsprechend erfolgreicher.

3.7 Nach dem Gespräch

Nach dem Kreditgespräch gilt es für Sie, die Investitionen in Ihre Kunden zu sichern. Bei erfolgreichen Abschlüssen bleibt der Kontakt zu Ihren Finanzierungskunden zwangsläufig erhalten. Bei offenen Angeboten – keine Entscheidung/Information des Kunden – erinnern Sie sich an die Merkformel

 Kein Finanzierungsangebot ohne Nachfassen!

Bleiben Sie dran! Fragen Sie Ihre Kunden nach dem Stand der Entscheidung, schieben Sie vorteilhafte Informationen nach, suchen Sie die positive Entscheidung der Kunden. Warten auf eine Kundenreaktion ist passiv, zeigt Desinteresse am Kunden und überläßt dem aktiven Wettbewerb den Kunden.

Das systematische Kreditgespräch ist beendet und dennoch steht ein wichtiger Punkt an:

Die Nachbereitung des Gesprächs

Sofort nach dem Gespräch sollten Sie alle Informationen festhalten, um Informationsverluste zu vermeiden. Machen Sie eine Gesprächsnotiz, füllen Sie Ihre Kunden-/Betreuungskarte aus und geben Sie alle wichtigen Informationen, Termine und Wiedervorlagen in Ihr Terminal ein. Denken Sie an die Weitergabe von Informationen an Kollegen oder andere Abteilungen. Besorgen Sie sich die dem Kunden zugesagten Unterlagen, Verträge und Broschüren.

Vergessen Sie bei der Gesprächsnachbereitung keinesfalls eine Kurzanalyse des abgelaufenen Finanzierungsgesprächs. Stellen Sie sich folgende und ähnliche zusätzliche Fragen:

- Was hat den Kunden überzeugt?
- Was hat dem Kunden weniger gefallen?
- Was läßt sich in künftigen Finanzierungsgesprächen vermeiden?
- Was läßt sich künftig verbessern?

Überdenken Sie vor allem die Finanzierungsgespräche, die ohne Geschäftsabschluß endeten, besonders sorgfältig nach dem Motto „Wer sein Ziel nicht erreicht hat und weiß warum, ist klüger geworden". Das Ziel wird in Zukunft wahrscheinlicher erreicht werden.

Kapitel 4

Die Formen des aktiven Kreditverkaufs

In Kapitel 4 geht es vor allem um:

- Die Intensivierung von bestehenden Geschäftsbeziehungen
- Die Akquisition neuer Kunden

4. Die Formen des aktiven Kreditverkaufs

Im Gegensatz zu der abwartenden Position, dem passiven Kreditverkauf, bestehen beim aktiven Verkaufen von Krediten zwei Möglichkeiten:

- die Intensivierung bestehender Geschäftsverbindungen und
- die Extensivierung durch das Gewinnen neuer Kreditkunden.

Zwischen diesen beiden Formen des aktiven Kreditverkaufs bestehen große Unterschiede. Die Zielgruppen und Zielpersonen sind sehr unterschiedlich bekannt, die Anknüpfungspunkte gehen von ‚nicht vorhanden' bis zu ‚Diverse', die Erfolgschancen streuen extrem und sind dennoch nirgendwo sicher, und der Aufwand für neue Finanzierungen ist gering bis außerordentlich hoch.

Dennoch sind beide aktive Verkaufsformen von Finanzierungen Pflichtübungen für zeitgemäß agierende Finanzierungsspezialisten:

- Ohne Intensivierungsaktivitäten geben Sie Ihren Wettbewerbern bei Ihren Kunden exzellente Akquisitionsmöglichkeiten – wer will das schon?
- Ohne Akquisitionsaktivitäten verlieren Sie kontinuierlich Marktanteile an Ihre Wettbewerber – wer kann das wollen?

Beide Formen des aktiven Kreditverkaufs werden in den folgenden Unterpunkten dieses Kapitels ausführlich dargestellt.

4.1 Die Intensivierung

Das Finanzierungsgeschäft von Kreditinstituten mit den bisherigen Kunden kann über die folgenden unterschiedlichen Wege gezielt intensiviert werden:

1. Intensivierung über Zusatzverkäufe

Der Kunde hat einen (Finanzierungs-)Wunsch und spricht seine Bank oder Sparkasse an. Der Wunsch wird erfüllt, und zusätzlich werden weitere Geschäftsmöglichkeiten überprüft. In der Marketingsprache wird die Intensivierung über Zusatzverkäufe mit dem Begriff Cross-Selling belegt.

2. Intensivierung durch Betreuungstelefonate

Sogenannte „Altkunden" werden telefonisch vom Finanzierungsberater angesprochen. Die Intensivierung erfolgt primär im gleichen Geschäftsbereich; vereinzelt werden auch Leistungen anderer Geschäftsbereiche nach der telefonischen Ansprache abgeschlossen.

3. Intensivierung durch den Verkauf an ehemalige Kunden

Dieser Intensivierungsweg nutzt den Bekanntsheitsgrad des Kreditinstituts bei seinen früheren Kunden. Die Adressen – von früheren Finanzierungs- und Nicht-Finanzierungskunden – stehen abrufbar zur Verfügung.

4. Intensivierung durch den Verkauf an aktuelle Kunden anderer Fachabteilungen

Mit dem Vertrauen der Kunden in andere Fachbereiche eines Kreditinstituts wächst auch die Chance auf Finanzierungsabschlüsse. Der Erfolg dieses Intensivierungsweges hängt entscheidend von der Einführung des Finanzierungsspezialisten durch seine Kollegen ab.

5. Intensivierung durch den Verkauf an aktuelle Kreditkunden

Dieser Weg stellt die Intensivierung von Finanzierungsbeziehungen im engeren Sinne dar. Kunden, die bereits Finanzierungen bei einem Kreditinstitut nutzen, bieten mit hoher Wahrscheinlichkeit weitere Geschäftsmöglichkeiten.

6. Intensivierung durch gezieltes Nachfassen

Hier wird die Beratungsinvestition in Interessenten und Kunden genutzt. Ziel ist es, den noch unsicheren Kunden zum Finanzierungsabschluß zu bewegen.

4.1.1 Der Zusatzverkauf – Cross-Selling

Der Zusatzverkauf ist ein fester Bestandteil des systematischen Kreditgesprächs (vgl. Kapitel 3.). Er folgt als fünfte Gesprächsstufe nach dem Abschluß und vor der Kontaktsicherung.

Die Formen des aktiven Kreditverkaufs 111

Direkt nach dem (hoffentlich!) erfolgreichen Abschluß einer Finanzierung sprechen Sie weitere Leistungsbereiche Ihres Kreditinstitutes an, der sogenannte Cross-Selling-Impuls („Querverkauf") erfolgt. Sie bemühen sich um Zusatzverkäufe aus der gesamten Leistungspalette Ihres Instituts an den Kunden, nicht nur um Finanzierungsleistungen. Die Initiative zum Zusatzverkauf geht in der Regel vom Finanzierungsberater aus. Einige Kunden sprechen von sich aus Zusatzbedarf an: Neben einer gewerblichen Finanzierung beispielsweise einen privaten Dispositionskredit oder neben einer Baufinanzierung ein Privatleasinggeschäft. – Der Begriff Zusatzverkauf bezeichnet somit einen Gesprächsteil, in dem der Berater weitere Abschlüsse erzielen möchte. In atypischen Finanzierungsgesprächen sprechen Kunden die Gesprächsstufe Zusatzverkauf an, im typischen Fall ist es der Berater.

Der Zusatzverkauf durchläuft die gleichen Gesprächsstufen wie der Erstverkauf an den Kunden (siehe Abbildung 15). Daß Beratungs- und Verkaufsgespräche nicht schon in der Stufe 4 (= Geschäftsabschluß) enden, liegt sowohl im Interesse des Kunden, als auch im Interesse des Kreditinstituts und in Ihrem Interesse als Finanzierungsberater.

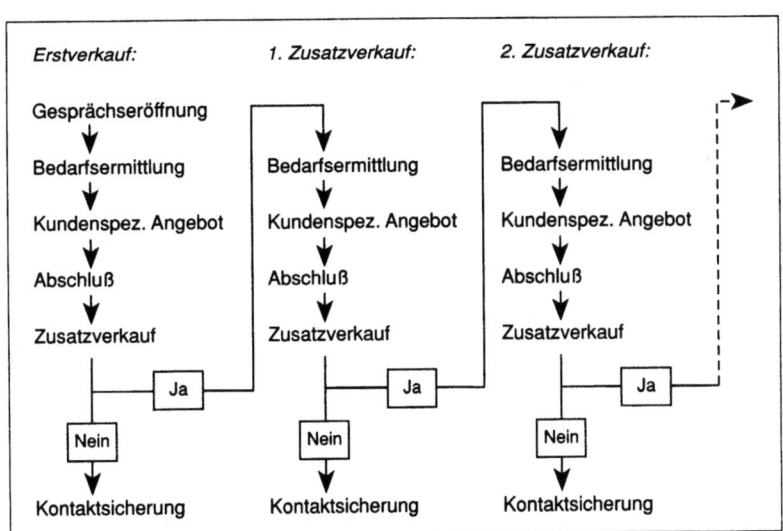

Quelle: Geyer, Günther: Das Beratungs- und Verkaufsgespräch in Banken, 5. Auflage, Wiesbaden 1993

Abb. 15: Der Zusatzverkauf im systematischen Kreditgespräch

Ihr Kunde ist sich zu Beginn eines Finanzierungsgespräches oft nicht bewußt, daß er weiteren (Beratungs-)Bedarf hat. Durch die gezielte Ansprache – nach dem „eigentlichen" Beratungsgespräch – erkennt er oftmals seinen zusätzlichen Bedarf. Latent vorhandener und nicht bewußter Bedarf wird durch den Cross-Selling-Impuls früher bewußt. Dadurch entsteht zusätzliche Nachfrage des Kunden. In vielen Gesprächen reicht das für einen zusätzlichen Geschäftsabschluß aus, in einigen bleibt es bei dem latenten Bedarf. Auch dann haben Sie einen positiven Eindruck beim Kunden hinterlassen: Sie haben sich als kompetenter Berater erwiesen, der seinen Kunden Hilfestellung auch in weiteren Geld- und Finanzierungsangelegenheiten bietet.

Mit den Zusatzverkaufsaktivitäten ergibt sich auch ein Wettbewerbsaspekt: Banken und Sparkassen erreichen mit dem aktiven Ansprechen weiterer Leistungen zusätzliche Abschlüsse bei ihren Kunden. Je mehr Leistungen ein Kunde bei einem Institut in Anspruch nimmt, desto stärker wird die Bindung zwischen Institut und Kunde. Kunden fragen weitere Leistungen mit großer Wahrscheinlichkeit bei Instituten nach, bei denen sie schon früher Leistungen genutzt haben. Werden Zusatzangebote frühzeitig angeboten, reduzieren sich die Akquisitionschancen von Wettbewerbern.

Da es immer schwieriger wird, neue interessante Finanzierungskunden zu gewinnen, liegen die größten Wachstumschancen im vorhandenen Kundenstamm. Wenn cross selling fester Bestandteil jedes Kreditgespräches ist, können die Expansionsmöglichkeiten über intensivere geschäftliche Verbindungen mit Kunden voll ausgeschöpft werden. Aus Bankensicht stellt sich nicht die Frage „Sollen wir den Zusatzverkauf pflegen?", sondern „Wie wird der Zusatzverkauf erfolgreich praktiziert?".

Wenn die Überleitung vom Abschluß der Finanzierung zur zweiten Bedarfsermittlung gelingt (siehe Abbildung 15), wird ein zweiter Abschluß sehr wahrscheinlich. Da der Berater den Übergang wünscht, liegt es an ihm, zu fragen. Die einfachste, auf Zusatzverkäufe strebende Frage lautet:

Kann ich heute noch etwas für Sie tun?"

Diese Frage wird oft gestellt und fast ebenso oft von Kunden mit „Nein" beantwortet – also ist diese Frage ungeeignet. Leicht abgewandelt wird die geschlossene Frage zu einer offenen Frage:

„Was kann ich heute noch für Sie tun?"

Eine Frage, die sicher nach jedem Geschäftsabschluß paßt. Eine Frage, die jedoch sehr leicht vom Kunden mit „Danke, heute nichts mehr" beantwortet wird. Und mit dieser Antwort ist der Zusatzverkauf ebenfalls gescheitert.

Bei ersten Geschäftsabschlüssen kennen Sie Ihren Kunden noch wenig. Sie besitzen jedoch einen vollen Überblick über alle genutzten – und damit auch nicht genutzten – Leistungen. Zudem bringt er im ersten Kontakt mit einem neuen Kreditinstitut wesentlich mehr Zeit mit als bei späteren Besuchen. Bieten Sie mit der Überleitung zum Zusatzverkauf einen belohnenden Reiz, bieten Sie einen oder mehrere Vorteile an:

- „Ich möchte Sie nach Abschluß der Finanzierung über weitere günstige Leistungen unseres Hauses informieren. Interessiert Sie das näher?" („Nein") – „Wann wäre das für Sie interessanter?" oder („Ja") „Worüber sollten wir noch sprechen: Zusätzliche Finanzierungsmöglichkeiten, günstige Geldanlagen oder weitere Dienstleistungen?"

Ziel der ersten Frage ist es immer, Zustimmung für den Gesprächsabschnitt Zusatzverkauf zu bekommen. Erst nach der Zustimmung sollten Sie die eigentliche Bedarfsermittlung für den Zusatzverkauf beginnen. Einige zusätzliche Beispiele für die Initiative zum Zusatzverkauf:

- „Sie haben jetzt wiederholt Finanzierungsleistungen für Ihre Firma in Anspruch genommen. Interessieren Sie auch günstige Finanzierungen, attraktive Geldanlagen oder weitere Dienstleistungen für Ihren privaten Bereich?"
- „Wir bieten unseren Kunden seit einigen Jahren auch Leasing und Factoring an. Darf ich Sie darüber auch einmal ganz unverbindlich informieren?"
- „Nutzen Sie schon ... (Produktname) mit der ...-möglichkeit?" („Nein") „Dann kann ich Sie über die günstige ... (Produktname) informieren, ja?"
  („Ja") „Dann sollten Sie auch noch den erweiterten ...-service kennenlernen."
- „Ich würde Sie gerne über einen sehr bequemen Weg zum Steuersparen ohne Eigenkapitaleinsatz informieren. Interessiert Sie das näher?"

Besonders erfolgversprechend ist der Cross-selling-Ansatz, wenn Sie unterschiedliche Sphären Ihrer Kunden ansprechen: Bei Firmenkunden deren Privatbereich (siehe erstes Beispiel) sowie bei Privatkunden deren

114 Die Formen des aktiven Kreditverkaufs

Arbeitsbereich (Arbeitgeber) und Freizeitbereich (Vereine, Verbände, Organisationen, Ehrenämter).

Respektieren Sie auch die Ablehnungen Ihrer Kunden. Seien Sie besonders für ein schnelles und überraschendes „Nein, im Moment habe ich kein Interesse" dankbar. Sie sparen Zeit und wirken auf den Kunden nicht aufdringlich. Auch beim Zusatzverkauf ist das Überreden ein Gesprächsstörer, also keine Grundlage für Ihren Gesprächserfolg.

Hat Ihr Kunde dem Thema des Zusatzverkaufs zugestimmt, durchläuft dieser Gesprächsabschnitt wieder die bekannten Stufen 2 bis 5. Erst bei einer Ablehnung einer Zusatzverkaufsinitiative gehen Sie zur Verabschiedung über.

4.1.2 Das Betreuungstelefonat

Das Telefon bietet Ihnen gerade im Finanzierungsgeschäft eine exzellente Intensivierungsmöglichkeit: das Betreuungstelefonat. Leider wird diese Chance noch immer eher selten wahrgenommen. Die weit überwiegende Mehrheit aller Telefonate mit Kunden hat reinen Bearbeitungscharakter. Dabei werden zum Beispiel fehlende Unterschriften, Belege oder Informationen telefonisch vom Kunden angefordert.

Selten ist Bank- und Sparkassenmitarbeitern bewußt, wie die überwiegende Anzahl dieser Anrufe „wirkt". Der Kunde empfindet keinesfalls regelmäßige Betreuung oder gar Wertschätzung durch solche Anrufe: für ihn sind diese Bearbeitungstelefonate reine Pflichtaufgaben des Finanzierungsberaters.

Erinnern Sie sich einmal an typische Kundenreaktionen auf reine Betreuungsanrufe, also auf Anrufe ohne einen festen Anrufgrund aus der Sicht des Kunden: Auf Kundenseite herrscht zuerst große Überraschung. Kunden fragen „Was ist los?" oder „Stimmt was nicht mit meinem Konto?" oder „Warum rufen Sie an, was brauchen Sie noch von mir?". Anscheinend sind die meisten Kunden nur negative oder rein verwaltungsorientierte Anlässe für Telefonate von Bank- oder Sparkassenmitarbeitern gewöhnt. Um wieviel wichtiger und wirkungsvoller sind dann Telefonate mit neutralen oder gar positiven Anlässen, also echte Betreuungsanrufe?

Denken Sie beispielsweise an einen privaten Kreditkunden, eine Investitionsfinanzierung eines Firmenkunden oder an ein Hypothekendarlehen eines privaten Hauskäufers: Rufen Sie – oder die betreuenden Mitarbeiter – diese Kunden ca. vier bis sechs Wochen nach der letzten Auszahlungsrate an. Stellen Sie sich dabei kurz vor, bieten Sie eine regelmäßige Betreuung an, und fragen Sie nach der Zufriedenheit des Kunden im Zusammenhang mit der Finanzierung:

■ „Guten Tag, Herr Schneider, mein Name ist Schulze, Klaus Schulze von der XY-Bank in Irgendwo. Spreche ich mit Herrn Peter Schneider?" („Ja") „Schön, Herr Schneider, daß ich Sie erreichen konnte. Wir kennen uns durch Ihre Baufinanzierung bei der XY-Bank." („Ja, richtig. Das ist nett, daß Sie anrufen.") „Ja, ich möchte mit meinen Kunden auch nach der Auszahlung der Finanzierungsmittel weiter Kontakt halten. Wie ist aus Ihrer Sicht die Zusammenarbeit bei Ihrer Finanzierung gelaufen? ..."

Der Finanzierungskunde kann auf diese offene Frage grundsätzlich Antworten in drei Richtungen geben:

1. Der Kunde ist zufrieden.

Jetzt können wir uns mit ihm freuen. Die Anerkennung des Kunden ist für jeden Mitarbeiter mit Kundenkontakt Motivation für weitere gute Leistungen im Verkauf. Geben Sie die anerkennenden Aussagen des Kunden auch an Ihre mitbeteiligten Kollegen weiter. Bedanken Sie sich bei Ihrem Kunden und kündigen Sie ihm eine regelmäßige Betreuung (auch per Telefon) an. Fragen Sie alternativ nach seinen künftigen Interessen und Wünschen. Ein Beispiel:

■ „Was ist für Sie – rund um finanzielle Fragen – künftig besonders interessant: regelmäßiges Sparen, das Steuersparen oder sonstige Finanzdienstleistungen?"

Akzeptieren Sie auch Ablehnungen wie „Gut, daß Sie danach fragen, aber ich melde mich bei Bedarf", indem Sie sich für die offene Kundenaussage und das Telefonat bedanken. Weisen Sie Ihren Kunden noch einmal auf Ihre Visitenkarte hin („Sie können mich gerne auch unter der Tel.Nr. ... erreichen.") und verabschieden Sie sich freundlich. So wirkt auch ein ergebnisloses Betreuungstelefonat positiv bei Ihrem Kunden nach.

116 Die Formen des aktiven Kreditverkaufs

2. Der Kunde war leider nicht ganz zufrieden oder gar unzufrieden.

Diese Erkenntnis ist für Sie unter dem Aspekt der künftigen Zusammenarbeit besonders wichtig. Vielleicht läßt sich jetzt noch etwas retten durch Ihr Engagement, durch Ihr Interesse oder notfalls sogar durch Kulanz gegenüber dem Kunden. Noch ist es nicht zu spät. Seien Sie froh, daß dieser Kunde seine Unzufriedenheit offen am Telefon äußert.negative Mund-zu-Mund-Propaganda wäre für Sie und Ihr künftiges Geschäft wesentlich unangenehmer.

Wie können Sie im Betreuungstelefonat auf Beschwerden reagieren?

Schritt 1: Zeigen Sie Verständnis.

Signalisieren Sie Ihrem Kunden neben der Überraschung Verständnis für seine Aussagen – „Ich verstehe Sie", „Gut, daß Sie das so deutlich ansprechen" usw. Vermeiden Sie dabei die Begriffe „Beschwerde", „beschweren", „Reklamation", „reklamieren" sowie „Beanstandung" und „beanstanden". Diese Begriffe würden die Unzufriedenheit nur noch sprachlich unterstützen. Besser eignen sich Ersatzbegriffe wie „Frage", „fragen", „Hinweis" und „hinweisen".

Schritt 2: Hören Sie aktivierend zu, und fertigen Sie hörbar Notizen an.

Der Kunde erhält durch Ihr Zuhören eine Plattform, seine Verärgerung abzubauen. Wiederholen Sie die wichtigsten Kundenaussagen im Schreibtempo. Damit signalisieren Sie, daß Sie die Aussagen ernst nehmen und dokumentieren.

Schritt 3: Fassen Sie zusammen.

Hiermit wird die eigentliche Erledigung der Beschwerde eingeleitet. Da langwierige, doppeldeutige oder ungenaue Kundenäußerungen zu weiteren Mißverständnissen führen können, ist die Zusammenfassung eine Grundlage für die Regulierung der Beschwerde. Nicht wie der Kunde die Beschwerde vorträgt, geht in die Zusammenfassung ein, sondern was der Kunde ausführt. Am Ende dieses Schrittes ist geklärt, ob die Beschwerde aus Sicht des Kreditinstitutes berechtigt oder unberechtigt ist.

Schritt 4: Bedanken (und entschuldigen) Sie sich.

Nach dem Abklären der Fakten bedanken Sie sich noch einmal für die offene Kundenaussage. Jetzt steht auch die Entschuldigung an -natürlich nur für den Fall der berechtigten Beschwerde.

Entschuldigungen wirken allerdings nur, wenn sie „echt" ankommen und ohne Einschränkungen erfolgen.

Statt: „Das ist meinem Kollegen unterlaufen. Ich entschuldige mich für ihn."

Besser: „Ich entschuldige mich bei Ihnen für diese Verzögerung."

Statt: „Das war nicht ganz klar. Für den Teil muß ich mich bei Ihnen entschuldigen."

Besser: „Ich entschuldige mich bei Ihnen für dieses Mißverständnis. Es tut mir sehr leid, daß das bei Ihnen passiert ist."

Schritt 5: Treffen Sie eine Vereinbarung über die Bereinigung.

Kündigen Sie erste und konkrete Erledigungsschritte an. Treffen Sie eine – oft terminierte – Vereinbarung mit dem Kunden. Stellen Sie abschließend eine Kontrollfrage:

- „Können wir so verbleiben?" oder
- „Ist dieser Vorschlag so für Sie in Ordnung?"

Mit diesen fünf Schritten als Reaktion auf unzufriedene Kunden hat sich der Finanzierungsberater eine besondere Chance erarbeitet. Viele Kunden sind nach zufriedenstellenden Ausräumungen von Beschwerden besonders dankbar und gesprächsbereit. Wichtig ist nur die Initiative von Bank- oder Sparkassenseite:

- „Was kann ich heute noch für Sie tun?" oder
- eine produktorientierte Ansprache wie „Herr Schön, jetzt würde ich Sie gerne noch über eine besonders attraktive Vorsorgeform informieren: Aus monatlich nur 200 DM können weit über 20.000 DM für Sie werden. Interessiert Sie das näher?"

3. Der Kunde hat Zusatzbedarf.

Natürlich die angenehmste Reaktion auf den Betreuungsanruf: Die telefonische Aktivität führt sofort oder in schneller Folge zu meßbaren Geschäftsabschlüssen. Nicht immer wird es zusätzlicher Kreditbedarf sein, oft beginnt die Kundenaussage mit allgemeinen Formulierungen wie „Gut, daß Sie gerade bei mir anrufen. Ich habe da noch eine Frage an Sie ...". Und aus der Frage entwickelt sich dann in der Folge ein Beratungsgespräch mit einem Geschäftsabschluß.

Auch wenn Sie – aus organisatorischen Gründen – nur für das Aktivgeschäft Ihres Kreditinstitutes verantwortlich zeichnen, sollten Sie auch an die Geschäftschancen in anderen Banksparten denken. Ihre Kollegen sind für jeden Kontakt oder jede Kundenzuführung dankbar. Nur durch zugeleitete Geschäfte an Ihre Kollegen können Sie auch mit Gegengeschäften durch Ihre Kollegen rechnen.

Wie auch immer der „Kreditbetreuungsanruf" ausgeht, für das Kreditinstitut ist er immer erfolgreich abgelaufen. Der Aufhänger war aus Kundensicht neutral, ja fast belanglos – sicher kein Pflichtanruf. Trotzdem bleibt eine erfreuliche Nachwirkung:

 Das Kreditinstitut kümmert sich auch noch nach dem Geschäftsabschluß um den Kunden. Der Kunde fühlt sich dadurch anerkannt, er ist bei „seinem" Kreditinstitut gut aufgehoben.

Anlässe für Betreuungsanrufe gibt es rund um das Finanzierungsgeschäft, beispielsweise

- beim Wechsel des Betreuers,
- bei Wechsel (des Kunden/der Kundenakte) von der Kreditabteilung in die Verwaltungsabteilung,
- bei allen außerordentlichen Situationen (extreme Zinsänderungen),
- zu jahreszeitlichen oder
- zu persönlichen Terminen,
- bei steuerlichen Änderungen,
- bei neuen Angeboten (auch von Wettbewerbern) usw.

Erfahrungsgemäß reagieren die meisten Kunden freundlich und dankbar; nur eine sehr kleine Minderheit reagiert unangenehm überrascht.

4.1.3 Der Verkauf an ehemalige Kunden

Das aktive Verkaufen von Krediten an ehemalige Kunden wird hier den Intensivierungsformen zugeordnet. Die Erfolgschancen liegen deutlich günstiger als bei den echten Extensivierungsformen (Kapitel 4.2). Ein bedeutsamer zusätzlicher Vorteil ist die einfache Adressenbeschaffung: Adressen ehemaliger Kunden sind im Kreditinstitut schon vorhanden. Sie müssen nur noch zur Aktivierung zusammengetragen, aktualisiert, ausgewählt und genutzt werden.

Die Bereitschaft ehemaliger Kunden zu erneuten Finanzierungsgeschäften ist gespalten. Der grundsätzlichen Offenheit vieler ehemaliger Finanzierungskunden steht die schroffe Ablehnung einiger weniger ehemaliger Kunden gegenüber. Ärger, Enttäuschung und Unzufriedenheit bei früheren Geschäften führt vor allem beim Geschäftskunden zur deutlichen Ablehnung. Da fallen auch Äußerungen wie „Vor Jahren habt Ihr ... nicht finanzieren wollen; jetzt will ich nicht". Die überwiegende Mehrzahl ehemaliger Finanzierungskunden – vor allem Konsumentenfinanzierungskunden – hat positive Erinnerungen: Der Kredit ist getilgt und oft wird das finanzierte Objekt noch genutzt. Eine gute Grundlage für die weitere Zusammenarbeit.

Die Kontaktaufnahme zu ehemaligen Kunden erfolgt in der Regel durch Briefe (siehe Abbildung 16) und/oder Telefonate. Der Berater kann an die frühere Geschäftsverbindung erinnern und jetzt interessante Informationen – je nach Kundensituation – anbieten.

Auch wenn der ehemalige Kunde im Moment „abwinkt", Sie haben sich wieder in Erinnerung gebracht und deutlich eine Botschaft geschickt: Wir sind an einer erneuten Zusammenarbeit mit Ihnen interessiert, Sie waren aus unserer Sicht ein „guter" und interessanter Kunde.

Ehemalige Finanzierungskunden, die häufiger Finanzierungen nutzen, sollten Sie regelmäßig ansprechen. Die einmalige Erinnerung wird sehr schnell wieder vergessen; nur regelmäßige Ansprachen können zu einer Intensivierung der Beziehung zu dem Altkunden führen.

Im Rahmen der Ansprache von ehemaligen Finanzierungskunden erfahren Sie auch, daß gerade Finanzierungen bei anderen Instituten laufen. Oft sind diese Finanzierungen mit festen Zinsbindungen abgeschlossen. Für Sie gilt es, den Ablauf der Zinsfestschreibung zu erfahren. Vielleicht mit dieser Vorgehensweise:

„... Vielen Dank für Ihre Information. Dann sind also im Moment alternative Finanzierungen weniger interessant?" („Ja, so ist es.") „Herr Maier, dann würde ich Ihnen gerne nach Ablauf der Zinsbindung ein Vergleichsangebot unterbreiten. Wann wird das der Fall sein?"

Herrn
Klaus Maier   Tel. 01234/5678
Großhandels-GmbH   Klaus Berater
Handelsweg 25   22. Juni 1999
99999 Irgendwo

Sehr geehrter Herr Maier,

Sie haben vor Jahren bei der XY-Spar- und Bankkasse einen Betriebsmittelkredit genutzt.

Jetzt können auch Sie mit Ihrer Firma besonders interessante Finanzierungsmöglichkeiten nutzen: Neben den bewährten klassischen Angeboten sind Leasing- und Eurofinanzierungen aktuell und oft günstiger als vermutet. Prüfen Sie in einem Gespräch, wie Sie mit maßgeschneiderten Finanzierungen Kosten für Ihr Unternehmen sparen können.

Herr Klaus Berater, Firmenkundenbetreuer der XY-Spar- und Bankkasse, wird in den kommenden Tagen telefonisch einen passenden Gesprächstermin mit Ihnen abstimmen.

Mit freundlichen Grüßen

XY-Spar- und Bankkasse

Kaiser   Berater

Abb. 16: Brief an einen ehemaligen Finanzierungskunden

Auch wenn es sich um Jahre handelt bis eine konkrete Abschlußmöglichkeit besteht, Ablauftermine von Finanzierungen bei anderen Kreditinstituten sind eine „heiße" Ware für Kreditverkäufer – und besonders bei ehemaligen Kunden. Richten Sie sich eine Wiedervorlagedatei oder -kartei ein und nutzen Sie die gespeicherten Termine. Nehmen Sie dann circa sechs bis acht Wochen vor dem Ende der Zinsbindung Kontakt zu dem potentiellen Kunden auf.

4.1.4 Der Verkauf an aktuelle Kunden anderer Abteilungen

Dies ist der erfolgversprechendste Intensivierungsweg für das Finanzierungsgeschäft: Der Verkauf von Finanzierungen an aktuelle Kunden anderer Fachabteilungen Ihres Hauses. Diese potentiellen Kreditkunden haben eine intensive Bindung an das Kreditinstitut durch die gegenwärtige Nutzung von Bankdienstleistungen. Ihr Institut ist bei diesen Noch-nicht-Kreditkunden bekannt. Ihre Kollegen können Ihnen zu einem leichten Entree verhelfen.

Gehen Sie am besten mit Ihren Kollegen aus den anderen Fachbereichen alle Kunden auf deren Potentiale für Aktivgeschäfte durch. Sicher sind darunter eine Reihe von Kreditkunden anderer Kreditinstitute diese gilt es zu gewinnen, und sicher gibt es Kunden der anderen Abteilungen mit unbewußten und latenten Finanzierungswünschen – diese gilt es zu aktivieren.

Natürlich lassen sich die Geschäftsbeziehungen in den anderen Institutsbereichen auch über Finanzierungen intensivieren: So bringt das aktive Anbieten eines Lombardkredites Finanzierungserträge und Erträge im bisherigen Stammgeschäft, dem Wertpapiergeschäft. Außerdem wird es viele Kunden geben, die nur oder überwiegend Finanzierungsleistungen nutzen. Hier geht dann der Intensivierungsschwerpunkt zu anderen Bankleistungen wie Zahlungsverkehr, Passivangebote usw.

Sie erleichtern sich die Kontaktaufnahme, wenn Sie sich bei dem potentiellen Kreditkunden auf Ihre Kollegen beziehen können. Noch besser ist eine Terminvereinbarung Ihres Kollegen mit seinem Kunden, bei dem er Sie schon rechtzeitig ankündigt. So kann das gewachsene Vertrauen der bisherigen Geschäftsbeziehung auf das Finanzierungsgeschäft übertragen werden. Natürlich können Kundenzuführungen von Ihren Kollegen zu Ihnen keine Einbahnstraße sein. Ihr Kollege erwartet auch „Gegengeschäfte" von Ihnen; diese können Sie durch den klassischen Zusatzverkauf (Stufe 5 des Kreditgesprächs) erbringen.

Die Qualität der Kunden anderer Abteilungen ist durch die bisherige Zusammenarbeit leicht überprüfbar. Enttäuschungen, wie sie bei der echten Neukundengewinnung im Kreditgeschäft regelmäßig entstehen, sind bei der Akquisition im Stamm sehr unwahrscheinlich. Also: Viele gute Gründe, den aktiven Kreditverkauf bei der Zielgruppe „aktuelle Kunden anderer Fachabteilungen" zu starten.

122   Die Formen des aktiven Kreditverkaufs

4.1.5 Der Verkauf an aktuelle Kreditkunden

Intensivierung im engsten Sinne besteht aus dem aktiven Verkauf von Finanzierungen an aktuelle Finanzierungskunden. Für diesen Weg spricht die bisherige Erfahrung mit dem Finanzierungskunden und der Erfahrungswert, daß (Konsumenten-)Kreditkunden tendenziell gerne wieder Kredite aufnehmen. Es ist aufwendiger, einen neuen Kreditkunden zu finden, als mit aktuellen Kreditkunden zusätzliche Finanzierungen zu vereinbaren.

Einige Beispiele zum Verkauf an aktuelle Finanzierungskunden:

- Das Ausweiten von Kreditlinien führt – zumindest teilweise – zu intensiveren Inspruchnahmen durch die Kunden. Dabei genügt das isolierte Einräumen nicht; wichtig sind parallel dazu regelmäßige Kontakte und vor allem feste Absprachen (Zinsanreize ab einer durchschnittlichen Kreditinanspruchnahme, Hilfen beim Zahlungsverkehr durch vorgedruckte Belege, feste Aufteilung der Umsätze auf alle Hausbanken usw.) mit den Kunden.
- Frühzeitige Zusatzangebote (Aktivierung von freien Grundschuldteilen, alternative Finanzierungsformen usw.) werden von Finanzierungskunden mit Aufmerksamkeit wahrgenommen.
- Im Privatkundengeschäft bietet sich zum Beispiel die Intensivierung bei „Halbzeit" des Ratenkredits an. Das Kreditinstitut bedankt sich telefonisch, brieflich oder persönlich bei seinem Kreditnehmer für dessen regelmäßige Zahlungen. Nach dem Dank erfolgt das Angebot: erneute Kreditvereinbarung über den ursprünglichen oder gar einen höheren Kreditbetrag. Damit wird der Kunde gegen Angebote von Waren- und Möbelhäusern sowie Autoverkäufern resistenter gemacht. Hinweise auf die besonderen Vorteile des erneuten Finanzierungsangebots wie „Damit werden Sie bei Ihrem Autohändler Barzahler und können verhandeln" sollten nicht fehlen.

Ein besonders aktueller und bewährter Intensivierungsansatz besteht bei Baufinanzierungen, die schon seit einigen Jahren mit Tilgungen laufen. In der Regel ist die Grundschuld noch in der alten Finanzierungshöhe eingetragen. Damit bestehen erhebliche Freiräume für zusätzliche Finanzierungen ohne zusätzliche Sicherheiten des Kunden. Jetzt gilt es nur noch, einen wirksamen Aufhänger zu finden. Ein Beispiel:

„Herr Keller, ich habe einen interessanten Tip für Sie: Sie können jetzt zu günstigen Konditionen Mittel für (Modernisierung, Wärmeschutz, freie Verwendung usw.) erhalten. Darf ich Ihnen das einmal näher erläutern?"

Oft erhalten Sie bei solchen Intensivierungsaktionen überraschende Zusatzinformationen: Der Kunde wünscht Sondertilgungen, er unterhält weitere Finanzierungen bei einem anderen Kreditinstitut, er interessiert sich für andere Finanzierungen (Leasing), wünscht Informationen zu bestimmten Bankleistungen usw. Jede neue Information verbessert Ihre Position zu dem Kunden, auch wenn nicht immer sofort eine neue Finanzierung abgeschlossen werden kann.

4.I.6 Das gezielte Nachfassen

Finanzierungsberater verbringen einen großen Teil ihrer sehr teuren Arbeitszeit mit dem Erstellen von Finanzierungsvorschlägen und -angeboten. Diese Arbeitszeit ‚rechnet' sich für ein Kreditinstitut nur, wenn dann auch ausreichend Abschlüsse von Kunden folgen. Weiter oben haben wir schon den bewährten verkäuferischen Grundsatz

 ‚Kein Finanzierungsangebot ohne Nachfassen!'

erwähnt. Doch noch immer haben viele Bank- und Sparkassenkunden den Eindruck, daß sie sich ganz selbstverständlich kostenlos beraten lassen können. Eine – wenn auch nur moralische – Verpflichtung zum Abschluß verspüren sie nicht. Hier setzt unser 6. Intensivierungsweg, ‚das gezielte Nachfassen', an.

Das Intensivieren besteht hier in dem verkäuferischen Ziel, die Relation zwischen Beratungen und Abschlüssen zu verbessern. Die Idealvorstellung ist: Pro Beratungs- und Verkaufsgespräch – ein Finanzierungsabschluß!

Doch gerade beim Nachfassen stehen sich viele Banker selbst im Wege. Da gehen Gedanken wie ‚der Kunde wünscht kein Nachfassen', ‚ich bin aufdringlich' oder ‚das ist Hochdruckverkauf' durch den Kopf. Doch die Realität sieht sehr viel anders aus: Viele Kunden bedanken sich herzlich und ehrlich für Nachfaßanrufe. Sie haben ja eine wertvolle Finanzierungsberatung erhalten und stehen somit in der (moralischen) Pflicht des

Finanzierungsverkäufers. Außerdem ist ihnen sehr bewußt, daß vergleichbare Beratungen bei Architekten, Steuerberatern oder Anwälten sehr hohe Beratungshonorare kosten.

Gehen Sie beim Nachfassen sehr selbstbewußt – nicht überheblich und arrogant! – und sicher vor. Kündigen Sie Ihr Nachfassen schon im Beratungs- und Verkaufsgespräch an:

- „Wir halten Kontakt ..."
- „Ich werde Sie dann anrufen ..."
- „Sie hören dann nächste Woche von mir ..."

Steigen Sie positiv und nicht unterwürfig in das Telefonat ein:

Statt: „Entschuldigen Sie die Störung. ..."
Besser: „Schön, daß ich Sie gleich erreiche ..."
Statt: „Ich hoffe, daß Sie einen kleinen Moment Zeit für mich haben ..."
Besser: „Herr Meister, heute rufe ich Sie wegen Ihrer (Bau)Finanzierung an. ..."

Ergänzen oder verstärken Sie dann das offene Angebot:

- „... Mein Finanzierungsangebot ist noch immer zu den gleichen festen Konditionen offen ..." .
- „Sie erhielten von mir vor einiger Zeit ein Festzinsangebot ..."
- „Der Finanzierungsvorschlag kann jetzt noch mit ... kombiniert werden ..."

Und fragen Sie dann direkt und mit einer offenen Frage nach dem Entscheidungsstand bei Ihrem Gesprächspartner:

- „Wie weit ist Ihre Entscheidung inzwischen gediehen?"
- „Welche Entscheidung haben Sie getroffen?"
- „Wie haben Sie sich entschieden?"

Freuen Sie sich über jede positive Reaktion, aber auch über negative Entscheidungen Ihrer Kunden. Bei offenen Entscheidungen fragen Sie weiter nach:

- „Wie kann ich Ihnen noch helfen?"
- „Was hindert Sie, sich (heute) zu entscheiden?"
- „Wie wollen wir jetzt verbleiben?"

Unglücklich sind immer Vertröstungen und wachsweiche Aussagen Ihrer Gesprächspartner wie „Ich melde mich wieder bei Ihnen". Das ist dann oft der ‚Sankt-Nimmerleins-Tag'. Eine klare Absage erspart ungerechtfertigte Hoffnungen, überflüssigen Beratungsaufwand und damit auch zusätzliche Kosten.

4.2 Die Extensivierung: Die klassische Akquisition

Geschäftsleitungsmitglieder und andere Führungskräfte von Kreditinstituten stellen immer wieder die Forderung „Bringen Sie uns bitte auch Neugeschäft!" an Finanzierungsspezialisten. Es ist wohl jedem Geschäftsleitungsmitglied oder jeder Führungskraft bewußt, daß dies die mit Abstand aufwendigste Form des Verkaufens ist.

Dennoch genügt es nicht, um seine Arbeitszeit besonders ökonomisch einzusetzen, Kundenstämme nur zu halten oder zu intensivieren. Durch die natürliche Fluktuation wie Umzug und Todesfälle, Geschäftssitzverlegungen und Auflösungen gehen jedem Kreditinstitut ständig und oft wenig spektakulär Stammkunden verloren. Diese sind – zumindest teilweise – durch Neukunden zu ersetzen. Diese neuen Kunden können nur durch systematische Akquisition im Nachwuchsmarkt oder zu Lasten des Wettbewerbs gewonnen werden.

Hier setzt der klassische Weg der Akquisition von Neukunden an:

1. Vorbereitung der Kontaktaufnahme, insbesondere Adressenbeschaffung
2. Kontaktaufnahme durch Akquisitionsschreiben
3. Akquisitionstelefonat zur Terminvereinbarung
4. Akquisitionsgespräch zur Geschäftsaufnahme
5. Pflege der Akquisitionsadressen

Wenn wir diese Vorgehensweise den klassischen Weg der Akquisition nennen, so ist in dieser Bezeichnung der Hinweis enthalten, daß es auch andere Vorgehensweisen gibt. Wie auch immer Sie bei der Akquisition vorgehen, Elemente der klassischen Akquisition werden immer enthalten sein.

4.2.1 Die Adressenbeschaffung

In dieser Phase der Akquisition werden die Grundlagen der erfolgreichen Neukundengewinnung gelegt:

Die zu gewinnende Zielgruppe wird ausgewählt

Der Satz ‚Wer nicht weiß wohin er will, braucht sich nicht zu wundern, wenn er ganz woanders herauskommt!' gilt auch für die Akquisition. Mit dem Festlegen der Zielgruppen werden auch die Erfolgswahrscheinlichkeiten bestimmt. Eine Orientierung kann Ihnen dazu die Abbildung 17 geben.

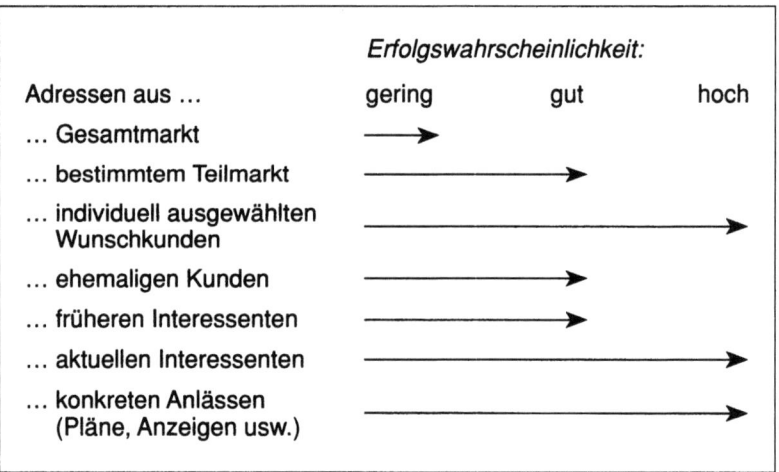

Abb. 17: Erfolgswahrscheinlichkeiten unterschiedlicher Akquisitionsadressen

Je besser die Zielgruppe bestimmt ist, je konkreter Sie benannt werden kann, desto bessere Akquisitionsmöglichkeiten bestehen. Die besten Erfahrungen wurden von verschiedenen Kreditinstituten mit einer engen Anzahl von sogenannten Wunschkunden gemacht. Ein Wunschkunde ist nicht ‚ein Steuerberater' sondern ‚Steuerberater Johannes Pfeifer, in Steuerkanzlei Pfeifer & Schröder, Arminstraße 20, 99999 Irgendwo'.

Die Anzahl der Wunschkunden gilt es zu begrenzen. Nur hauptamtliche Akquisiteure können dreistellige Ziffern von potentiellen Kunden er-

Die Formen des aktiven Kreditverkaufs 127

folgversprechend verfolgen. Für Kreditspezialisten mit Beratungs- und oft zusätzlich noch Führungsaufgaben ist ein Pool von ca. 25 Wunschkunden (= aktuelle Akquisitionsadressen) überschaubar und handhabbar.

Ein möglichst zielgruppenspezifisches Angebot wird zusammengestellt

Die Wunschkunden sollten möglichst aus einer begrenzten Zielgruppe gewählt werden. Nur so kann der Akquisiteur Routine in der Argumentation und Vorgehensweise bei seiner Zielgruppe erreichen.

Daraus ergibt sich die Forderung nach einem zielgruppenspezifischen Angebot. Nicht – nur – die breite Leistungspalette des Kreditinstitutes ist der zentrale Reiz für ein Erstgeschäft aus Kundensicht: wichtiger sind individuelle, und damit oft zielgruppenspezifische Vorteile für den angesprochenen Kunden.

Das zielgruppenspezifische Angebot soll dann in die Akquisition (im späteren Gespräch oder schon vorab beim Akquisitionstelefonat) eingebracht werden, wenn aus dem Kontakt kein anderweitiger Beratungs- oder Leistungsbedarf erkennbar wird.

Eine Leitlinie zur Präsentation des eigenen Kreditinstitutes wird erarbeitet

Natürlich erwarten neue Kunden eines Kreditinstitutes eine Kurzdarstellung mit den wichtigsten Merkmalen der Bank oder Sparkasse. Der eine oder andere potentielle Kunde wird direkt danach fragen, viele potentielle Kunden erwarten Informationen, ohne daß direkt eine Frage dazu gestellt wurde.

Kernpunkte einer Präsentation sind

- die bisherige Entwicklung des Kreditinstitutes,
- die jetzige äußere und innere Darstellung,
- besondere Leistungen, Merkmale, Eigenschaften, Erfahrungen und Verbindungen,
- zusätzliche Leistungen, Besonderheiten und (Verbund-)Partner sowie
- eine Aufforderung zu einem ersten Leistungstest.

Die Präsentation sollte den künftigen Kunden nicht langweilen; eine Darstellung von maximal fünf Minuten genügt. Noch besser ist das Einflechten der Präsentationsinhalte in einen lockeren Gesprächsablauf.

Die Formen des aktiven Kreditverkaufs

Denkbare Einwände potentieller Kunden sowie Antworten auf die einzelnen Einwände sammeln

Bei der Neukundengewinnung werden immer wieder die gleichen Einwände von den potentiellen Kunden geäußert. Diese Standardeinwände gilt es zu sammeln und wirkungsvolle Antworten zu erarbeiten. Einwände, die im Akquisitionstelefonat vorgebracht werden, haben deutlich andere Stoßrichtungen als Einwände, die im Akquisitionsgespräch aufkommen.

Die Hauptantwortrichtung am Telefon ist das Zustandekommen eines kommenden Akquisitionsgesprächs; die Hauptantwortrichtung im Akquisitionsgespräch ist die Chance des Kunden, attraktive Finanzdienstleistungen zu nutzen und zu vergleichen.

Ermitteln der detaillierten Adressen potentieller Kunden

Der wichtigste Teil der Vorbereitung der Kontaktaufnahme ist die Ermittlung konkreter Adressen für die späteren Akquisitionsschritte. Doch woher die neuen Adressen potentieller Bank- und Sparkassenkunden nehmen? Die Adressengewinnung kann über sehr unterschiedliche Wege – natürlich auch in Abhängigkeit von den Zielgruppen – vorgenommen werden. Dazu Abbildung 18 über die wichtigsten Möglichkeiten der Adressengewinnung.

Adressengewinnung zur Akquisition

1. Nachschlagewerke und Veröffentlichungen
   - Telefonbücher und Branchenfernsprechbücher
   - Telex- und Telefaxverzeichnisse
   - IHK- und Handwerkskammerlisten
   - Veröffentlichungen von Kreisen, Städten, Gemeinden
   - Bürger-/Einwohnerverzeichnisse
   - Adressenkauf bei Adreßverlagen
   - Adressengewinnung über Auskunfteien
   - Lokale und regionale Presse
     • Auswertung redaktioneller Teil
     • Auswertung Anzeigenteil
   - Handbücher (z. B. „Wer gehört zu wem?") und Verzeichnisse

2. Eigene Aktivitäten

- Ehemalige Kunden
- Kunden von Kooperations- und Verbundpartnern
- Frühere Interessenten (Anfragen)
- Kunden anderer Abteilungen des gleichen Institutes
- Geschäftspartner von Kunden (Zahlungsverkehr)
- Arbeitgeber von Privatkunden
- Führungskräfte von Geschäftskunden als Privatkunden
- Kontakte über Mitarbeiter und Kollegen
- Empfehlungen von eigenen Kunden
- Reviergang (d. h. eine detaillierte Beobachtung im Umfeld des Kreditinstitutes) bevorzugt bei „Kommunikationszentralen" wie Bäcker, Metzger, Frisör, Kiosk usw.
- Auswertung von Bauschildern in Bau- und Industriegebieten
- Besuch von Seminaren und Kongressen, die potentielle Kunden ebenfalls besuchen
- Engagement in Vereinen, Verbänden, Organisationen bei denen potentielle Kunden ebenfalls aktiv sind
- Kontakte zu Vermittlern und Zuträgern: Makler, Steuerberater, Versicherungs- und Bausparagenten, Unternehmensberater, Bauträger usw.
- Kontakte zu öffentlichen Stellen (Ämter, Verwaltungen, Wirtschaftsförderungsgesellschaften)
- Besuch und/oder Beteiligung an Messen und Ausstellungen
- Kontakte zu Umzugsfirmen
- Einladungen an potentielle Kunden über Presse: Börsenführung, Computerkurse, aktuelle Vorträge, Bankführung
- Anzeigen mit Antwortcoupon
- Preisausschreiben
- Tag der offenen Tür
- Ausstellungen in der Geschäftsstelle unter Mitwirkung von Geschäftskunden und -nichtkunden aus dem Geschäftsgebiet

Abb. 18: Adressengewinnung

Auch wenn die Liste zur Adressengewinnung lang erscheint, jeder einzelne Anknüpfungspunkt ist für den Akquisiteur äußerst wichtig. Die Erfolgschancen sind dagegen sehr unterschiedlich: Messen, Ausstellungen und sonstige Veranstaltungen versprechen weniger Geschäftserfolg als Interessenten oder Empfehlungen. Nach dem Motto „Steter Tropfen höhlt den Stein" laufen die unterschiedlichsten Akquisitionsaktionen erfolgreich.

Die neuen Adressen sind risikobehaftet. Handelsregisterauszüge und Auskünfte geben erste Informationen über den potentiellen Kunden, vor allem bei der Kreditakquisition. Vollständige Informationen über den zu gewinnenden Kunden sind die seltene Ausnahme. Neukundengewinnung ist immer ein Vortasten, hundertprozentig sichere Adressen gibt es selten.

4.2.2 Die Kontaktaufnahme

Nach der Adressenermittlung erfolgt die eigentliche Kontaktaufnahme. Jetzt erfährt der Wunschkunde über einen Brief das Interesse des Kreditinstitutes an einer Zusammenarbeit mit ihm. Der Akquisitionsbrief ist

- kurz,
- übersichtlich und
- lesefreundlich

gestaltet. Dadurch werden frühzeitige Überforderungen des potentiellen Kunden vermieden. Der Akquisitionsbrief soll Aufmerksamkeit erregen sowie Neugierde wecken und deshalb gelesen werden; er soll nicht nach den ersten gelesenen Zeilen im Papierkorb des Kunden landen.

Der Akquisitionsbrief eines Kreditinstitutes wird fast immer drei feste Bestandteile enthalten, nämlich:

1. einen kundenspezifischen Aufhänger,
2. eine Kurzvorstellung des Kreditinstitutes und
3. die Ankündigung eines Telefonats zur Terminabsprache.

Die ersten beiden Bestandteile dienen vor allem der „Optik" des Akquisitionsbriefes. Sein Hauptziel ist die Ankündigung eines Telefonats. Alle anderen Briefinhalte sind diesem Hauptziel untergeordnet. Da über einen Brief alleine keine Finanzierungsleistungen an einen Nichtkunden verkauft werden können, sollten alle direkten Verkaufsabsichten unterbleiben. Detaillierte Konditionen oder gar bunte Prospekte machen den Akquisitionsbrief zu einem billigen Werbeschreiben.

Der Akquisitionsbrief soll Neugierde auf die Zusammenarbeit mit dem Kreditinstitut wecken; er soll das Telefonat zur Terminabsprache rechtzeitig ankündigen. Ideenreichtum bei den drei Kernbestandteilen wird den potentiellen Kunden positiv auf das Akquisitionstelefonat einstimmen. Je ein Beispiel aus dem Privat- und Geschäftskundenbereich für einen Akquisitionsbrief enthalten die Abbildungen 18 und 19. Drei bis fünf Arbeitstage nach dem Briefversand steht dann das Akquisitionstelefonat an.

Beispiel eines Akquisitionsbriefes – Geschäftskunde

Herrn Geschäftsführer
Hans-Joachim Bergemann
Bergemann-Hausbau GmbH
Industriestraße 25   15. Februar 1999
                                       Tel. 01234/56789
99999 Irgendwo 1   Peter Berater

Sehr geehrter Herr Bergemann,

das Bauschild Ihrer Firma ist uns in der Odenwaldstraße in Irgendwo aufgefallen. Sie sind mit Ihrem Unternehmen ein bekannter Spezialist für die Planung, Realisierung und den Verkauf schlüsselfertiger Eigenheime.

Die Allgemeine Kredit- und Sparkassenbank AG ist eine führende Regionalbank mit einem Schwerpunkt in der Baufinanzierung. Das Angebot reicht von der Grundstücks- über die Objekt- bis zur Endfinanzierung für Ihre Käufer. Prüfen Sie bitte in einem Gespräch Beratung, Service und Leistungsfähigkeit unseres Hauses.

Herr Peter Berater, Finanzierungsspezialist in unserem Baufinanz-Center, wird Sie in den nächsten Tagen anrufen und Sie um einen Gesprächstermin bitten.

Mit freundlicher Empfehlung

Allgemeine Kredit- und
Sparkassenbank AG

Schröder   Berater

Abb. 19: Akquisitionsbrief Geschäftskunde

132 Die Formen des aktiven Kreditverkaufs

Hier noch einige Anregungen für die Gestaltung eines Akquisitionsschreibens an einen Geschäftskunden:

- Adresse: erst Name, dann Firma
- Kuvert: DIN-Langform
- höherwertiges Kuvert; mit und ohne Fenster möglich
- vollständiger Titel
- Telefondurchwahl angeben
- Briefmarke möglich; keine Wohlfahrtsmarke
- Freistempler nur ohne Werbetext
- kein Adressenaufkleber
- kein Betreff
- Absender (Kontaktpartner) klar herausstellen
- keine zusätzlichen Materialien (auch kein Geschäftsbericht)
- Schreibmaschinenschrift (keine EDV-Schrift)
- keine Details im Text
- Länge: maximal DIN-A4-Seite.

Der Eindruck des Gesamtbriefes muß beim potentiellen Geschäftskunden lauten „Hier erhalte ich einen wichtigen Geschäftsbrief". – Bei potentiellen Privatkunden sind die Anforderungen lange nicht so hoch. Hier geht auch der Informationswunsch vom Kunden aus (Antwortkarte oder Antwortcoupon). Bitte beachten Sie, daß nach der aktuellen Rechtsprechung Akquisitionstelefonate bei privaten Nichtkunden nicht erlaubt sind. Erst wenn der private Wunschkunde Zustimmung signalisiert (zum Beispiel durch eine ausgefüllte Antwortkarte oder einen ausgefüllten Coupon mit Informations- oder Beratungswünschen wie in Abbildung 19), ist das Akquisitionstelefonat bei ihm rechtlich einwandfrei.

Die Formen des aktiven Kreditverkaufs 133

Beispiel eines Akquisitionsbriefes – Privatkunde

Herrn
Peter Müller
Wohnparkstraße 33   10. Januar 1999
                            Tel.: 01234/56789
99999 Irgendwo   Irene Berater

Geld sparen: Sonderangebote nutzen!

Sehr geehrter Herr Müller,

vielen Dank für Ihre Reaktion auf unsere Anzeige im Regionalen Tagblatt. Sie erhalten mit diesem Brief die von Ihnen gewünschten Informationen über das XY-Finanzierungsprogramm.

Gerade in diesen Tagen haben Sie die Chance, eine Reihe von Sonderangeboten zu nutzen: bei Bekleidung und Einrichtungshäusern, im Reisebüro und beim Autohändler usw. Die Allgemeine Kredit- und Sparkassenbank AG bietet auch Ihnen eine umfassende Beratung an. Mit unserem speziellen Computerfinanzierungsservice können Sie oft bares Geld bei Finanzierungen sparen. Ein Gespräch lohnt sich sicher auch für Sie.

Frau Irene Berater, Kundenberaterin in der Geschäftsstelle Irgendwo, wird Sie in der kommenden Woche anrufen und Ihnen einen Gesprächstermin vorschlagen.

Mit freundlichen Grüßen

Allgemeine Kredit- und
Sparkassenbank AG

Schröder   Berater

Anlage

Abb. 20: Akquisitionsbrief – Privatkunde

4.2.3 Das Akquisitionstelefonat

Das Hauptgesprächsziel eines Akquisitionstelefonats ist die Terminvereinbarung mit dem potentiellen Kunden, nicht der sofortige Verkauf einer Finanzierung. Gerade bei einer telefonischen Kontaktaufnahme werden wiederholt Einzelheiten von den Gesprächspartnern angesprochen: Fragen, Einwände und sonstige Aufforderungen sollten vom Akquisiteur auf das zu vereinbarende Gespräch zurückgestellt werden. Besonders längere Diskussionen gefährden das Gesprächsziel; mit steigenden Gesprächszeiten reduzieren sich die Erfolgschancen. Vollständige – insbesondere fachspezifische – Informationen am Telefon erübrigen den Grund für das vom Kreditberater gewünschte persönliche Gespräch.

Ein umfassender Telefonleitfaden erleichtert die Gesprächsführung im Akquisitionstelefonat. Er enthält die Struktur des Gesprächs (= Gesprächsstufen) und wortwörtliche Formulierungen. Die Abbildung 20 zeigt einen Telefonleitfaden für die Akquisition eines Geschäftskunden. Die Vorgehensweise ist leicht auf Privatkundengespräche übertragbar; es entfallen vor allem die Ausführungen zur Kontaktherstellung über die Telefonzentrale, eine Sekretärin oder sonstige Arbeitskräfte eines Unternehmens.

Gesprächsschritt	Mögliche Reaktionen des Angerufenen
1. Telefonzentrale / Sekretärin / Bürohilfe	
Guten Tag, Allgemeine Kredit- und Sparkassenbank. Mein Name ist Berater, Peter Berater. Bitte verbinden Sie mich mit Ihrem Geschäftsführer, Herrn Hans-Joachim Bergemann.	**Ist nicht im Betrieb** Wann ist Herr Bergemann telefonisch am besten zu erreichen? **Ist in einer Besprechung** - wie oben - **Um was geht es?** Ich habe Herrn Bergemann einen persönlichen Brief geschrieben. Über diesen möchte ich jetzt gerne mit ihm sprechen. **Ist es dringend?** Ist es im Moment sehr schwer für Sie, Herrn Bergemann telefonisch zu erreichen? **Wen darf ich melden?**

Die Formen des aktiven Kreditverkaufs

Vielen Dank.	Mein Name ist Berater, Peter Berater von der AKS-Bank. **Ich verbinde Sie.**

2. Eine 3. Person

Guten Tag, Allgemeine … Spreche ich mit Herrn Hans-Joachim Bergemann, dem Geschäftsführer der Hausbau GmbH?	**Ich bin sein Vertreter** Oh, ich habe Herrn Bergemann vor einigen Tagen einen persönlichen Brief geschrieben und meinen Anruf angekündigt. Bitte sind Sie so nett und verbinden mich mit ihm. **Nein – Um was geht es?** – wie unter 1. – **Nein – Er hat keine Zeit** – wie unter 1. **Nein – Er möchte Sie nicht sprechen** Das erstaunt mich. Welche Gründe hat er Ihnen genannt? (…) Das muß ich akzeptieren. Oder: Das überrascht mich, daß er mich jetzt nicht sprechen möchte. Wann wird es ihm besser passen? **– Bei fester Absage: –** Vielen Dank für Ihr offenes Wort. Bei einem aktuellen Anlaß werde ich Herrn Bergemann noch einmal ansprechen. – Auf Wiederhören.
Bitte verbinden Sie mich mit Herrn Bergemann. Vielen Dank.	**Gerne, einen Moment bitte.**

3. Zielperson

Guten Tag, Herr Bergemann, mein Name ist Berater, Peter Berater von der Allgemeinen Kredit- und Sparkassenbank in Irgendwo. Spreche ich mit Herrn Hans-Joachim Bergemann persönlich?	**Bergemann** Ja, ich bin es. Was kann ich für Sie tun?

Ich habe Ihnen vor einigen Tagen einen Brief geschrieben. Haben Sie ihn erhalten?	**Ich habe keinen Brief erhalten** Oh, das erstaunt mich. (Weiter: wie unter 4.) **Ja, aber ich kann mich nicht mehr so genau daran erinnern.** (Weiter: wie unter 4.) **Da stand ja nicht viel drin.** Das ist richtig. Deshalb rufe ich jetzt auch bei Ihnen an. (Weiter: wie unter 4.)

4. Ziel und Einwände

Herr Bergemann, in diesem Brief habe ich Sie auf die Allgemeine Kredit- und Sparkassenbank aufmerksam gemacht und Sie um einen Gesprächstermin gebeten. Diesen möchte ich jetzt gerne mit Ihnen vereinbaren. (– PAUSE um Einwände zu erhalten! –)	(Unter 4. äußern die potentiellen Kunden unterschiedliche Einwände. In Abbildung 21 finden Sie eine lange Reihe mit Einwänden und Antwortvorschlägen) (Sollte der potentielle Kunde nicht auf den Terminwunsch eingehen, steigen Sie eigeninitiativ elegant aus dem Akquisitionstelefonat aus; Vorschläge enthält die Abbildung 22.)

5. Terminvereinbarung

Wann ist Ihnen ein Termin für unser Gespräch angenehmer: Lieber am ... oder lieber am ...? Vor- oder nachmittags? Ich komme gerne zu Ihnen in Ihre Firma.	**Vereinbaren Sie den Termin bitte mit meiner Sekretärin.** Gerne. Darf ich mich auf Sie beziehen? (...) Vielen Dank für das Gespräch. **Kann ich auch meinen ... (Steuerberater, Prokuristen, Buchhalter usw. hinzuziehen?** Ja, natürlich. Ich freue mich, auch Ihre Partner und Mitarbeiter kennenzulernen. **Haben Sie auch Kompetenzen?** Gut, daß Sie danach fragen. Ich leite die ... der AKS-Bank in Irgendwo. Oder: Ich berate und betreue Firmenkunden der AKS-Bank. Ich bin sicher, daß ich Sie kompetent informieren und beraten kann.

Die Formen des aktiven Kreditverkaufs 137

Ich halte noch einmal fest: Wir treffen uns dann am ... um ... in ...	

6. Grobbedarfsermittlung

Herr Bergemann, bitte geben Sie mir noch einen Hinweis für unser Gespräch damit ich Sie noch gezielter informieren kann. Was interessiert Sie zur Zeit bei Bankleistungen am meisten: eher Geldanlagen, eher Finanzierungen oder eher weitere Dienstleistungen?	**Nichts Besonderes** Gut, dann werde ich Ihnen einen allgemeinen Überblick über die besondere Leistungsfähigkeit der AKS-Bank geben. – **Bestimmte Leistung** – Prima, dann werde ich Ihnen unter anderem einige besondere Hinweise zu ... geben. **Alles ist interessant** Schön, dann werde ich Ihnen einen kompletten Überblick über die Leistungsfähigkeit der AKS-Bank geben. **Besonders ... (Auslandsgeschäft, Spezialitäten usw.)** Das ist gut, daß Sie das ansprechen. Was halten Sie davon, wenn ich unseren Spezialisten für ... zu unserem Gespräch hinzuziehe?

7. Verabschiedung

Herr Bergemann, ich freue mich, Sie und Ihre Firma kennenzulernen. Auf Wiedersehen bis zu unserem Gespräch am ... – Warten bis der Kunde auflegt –	**Bin gespannt, was Sie mir zu erzählen haben** Ja, das verstehe ich. Das Gespräch lohnt sich für Sie als Unternehmer immer. **Wie lange wird es dauern?** Das hängt von unseren Themen ab. Mit einer Stunde rechne ich auf jeden Fall. **Auf Wiedersehen, Herr Berater.** Wir sehen uns dann am ... bei uns.

Abb. 21: Telefonleitfaden – Akquisitionstelefonat

Der detaillierte Telefonleitfaden soll Ihr Akquisitionsgespräch erleichtern. Er dient Ihnen als Orientierungshilfe zu erfolgreicheren Terminvereinbarungen. Oft besteht eine große Skepsis gegenüber der Verwendung von einem wortwörtlich ausformulierten Leitfaden. Die Praxis belegt immer wieder eine einfache Regel: Wenn vollkommen freie Telefonate einen Erfolg von 1 bringen, erreichen stichwortartige Hilfen (Gesprächsstruktur ist vorgegeben) einen Erfolgsfaktor von ungefähr 2 und ein kompletter Telefonleitfaden erbringt eine Erfolgsziffer von rund 3. Sollte der Akquisiteur mehrere hundert oder gar tausend Akquisitionstelefonate geführt haben, dann kann er allerdings auf einen Telefonleitfaden zur Terminvereinbarung verzichten. Die Übung hat hier sicher den Meister geformt.

Um nicht mißverstanden zu werden: Der Telefonleitfaden enthält jeweils eine von vielen möglichen Formulierungen. Überarbeiten Sie die einzelnen Formulierungsvorschläge. Ersetzen Sie für Sie ungewohnte Begriffe durch Ihnen geläufige Begriffe, sprechen Sie die Formulierungen laut aus und korrigieren Sie den Text, so daß Sie die Formulierungen voll akzeptieren können. Eine weniger zielführende Formulierung aus vollem Herzen gesprochen wirkt oft überzeugender als eine tolle Formulierung ohne Engagement.

Neben der wortwörtlichen Antwort gibt der Telefonleitfaden vor allem Sicherheit. Sicherheit, daß es immer eine Antwort gibt; Sicherheit, daß der weitere Weg gezeigt wird; Sicherheit, daß auch negative Aussagen positiv bewältigt werden können. Einige Inhalte des Telefonleitfadens (Abbildung 20) haben Sie vielleicht überrascht. Deshalb noch einige Anmerkungen zum Ablauf.

Der Leitfaden ist so aufgebaut, daß die Gesprächsführung beim Akquisiteur liegt. Dennoch hat der potentielle Kunde Gelegenheit zu Äußerungen. Alle Aussagen des Bankmitarbeiters sind möglichst kurz gehalten. Der gezielte Ablauf führt zu Punkt 4: Ziel und Einwände. Genau in diesem Gesprächsabschnitt wird der Kunde – mit sehr hoher Wahrscheinlichkeit – seine Einwände vorbringen.

Der unangenehmen Frage von Sekretärinnen, Büroangestellten oder Telefonistinnen „Um was geht es?" können Sie mit einer einfachen und wirkungsvollen Antwort begegnen: Sie beziehen sich auf den persönlichen Brief an den potentiellen Kunden – den Akquisitionsbrief -, über den Sie sprechen möchten. Das ist mit ein wesentlicher Grund dafür, daß Sie –

als fester Bestandteil der klassischen Akquisition erst nach einen Brief bei Nichtkunden anrufen sollten. Ohne ein Akquisitionsschreiben sind einige Antworten der Abbildungen 20 und 21 nicht möglich.

Die Frage nach dem Erhalt des Akquisitionsbriefes bindet den potentiellen Kunden in das Gespräch ein. Wie auch immer die Antwort erfolgt, der Akquisiteur kann nach kurzen Zeichen des Erstaunens auf den nächsten Punkt übergehen.

Der 4. Abschnitt (Ziel und Einwände) endet von Bankseite immer mit einer Wirkungspause. In dieser Pause, und nur in dieser Pause, soll der Angerufene seine Bedenken und Widerstände äußern. Die Abbildung 21 zeigt die wichtigsten Kundenaussagen und denkbare Antworten von Bank- und Sparkassenmitarbeitern. Die Vorschläge der Abbildung 21 sind fester Bestandteil des Telefonleitfadens; die Trennung in zwei Tabellen dient dem besseren Überblick.

Viele Widerstände in Akquisitionstelefonaten können Sie als Begründung für das zu vereinbarende Akquisitionsgespräch nutzen. Die umfassende und vollständige Einwandbeantwortung im Akquisitionstelefonat ist taktisch unklug: Der Akquisiteur nimmt sich wichtige Gründe für das persönliche Gespräch. Vorschläge für die Einwandbeantwortung im Akquisitionstelefonat enthält Abbildung 21.

Akquisiteur: ... Herr Bergemann, in diesem Brief habe ich Sie auf die Allgemeine Kredit- und Sparkassenbank aufmerksam gemacht und Sie um einen Gesprächstermin gebeten. Diesen möchte ich jetzt gerne mit Ihnen vereinbaren. (– Pause um Einwände zu erhalten! –)

Kunde: **Bin mit meiner Bank zufrieden.**
Akquisiteur: Das freut mich für Sie. In dem Gespräch möchte ich Ihnen gerne die AKS-Bank als Ergänzung zu Ihrer Bankverbindung vorstellen.

Kunde: **Können wir das nicht am Telefon besprechen?**
Akquisiteur: Am Telefon kann ich Ihnen einige erste Hinweise geben. In einem persönlichen Gespräch möchte ich Ihnen auch einige interessante Vorschläge zeigen.

Kunde: **Schicken Sie mir erst mal Unterlagen.**
Akquisiteur: Gerne schicke ich Ihnen Unterlagen zur Vorbereitung auf unser Gespräch. Was interessiert Sie zur Zeit am meisten? (...)

Was halten Sie davon, wenn wir gleich einen Termin vereinbaren; dann kann ich Ihnen auch Ihre persönlichen Fragen beantworten?

Kunde: **Sie sind mir zu weit weg.**
Akquisiteur: Das ist richtig, daß zwischen Irgendwo und ... einige Kilometer liegen. Ich komme gerne zu Ihnen nach ... und zeige Ihnen Wege auf, wie die Distanz bei Finanzierungs- und sonstigen Bankgeschäften überbrückt werden kann.

Kunde: **Vor einigen Jahren haben Sie einen Kreditantrag von mir abgelehnt. Heute bin ich mit meiner Bank sehr zufrieden.**
Akquisiteur: Vielen Dank für Ihre offene Aussage. Es sind inzwischen einige Jahre vergangen. Ich würde mich sehr freuen, wenn Sie mir dennoch Gelegenheit geben würden, die jetzige Leistungsfähigkeit der AKS-Bank aufzuzeigen. Ich bin sicher, daß ein solches Gespräch sich für Sie als ... (Unternehmer, Geschäftsführer, Freiberufler usw.) lohnt.

Kunde: **Ich habe keinen Bedarf.**
Akquisiteur: Aktueller Bedarf ist keine Voraussetzung für unser Gespräch. Sie können mich und mein Kreditinstitut in aller Ruhe kennenlernen. Bei Bedarf wissen Sie dann schon, mit wem Sie es zu tun haben. Es geht dann alles viel schneller und einfacher für Sie.

Kunde: **Ich habe keine Zeit.**
Akquisiteur: Das verstehe ich, daß Sie im Moment keine Zeit haben. Ich richte mich gerne nach Ihren zeitlichen Vorstellungen. Wann paßt es Ihnen besser: ... oder ...?

Kunde: **Ich habe kein Interesse.**
Akquisiteur: Oh, das erstaunt mich. Gilt das grundsätzlich oder nur heute, weil ... (... Sie keinen aktuellen Bedarf an Finanzierungen/ Bankleistungen haben; ... Sie im Moment wenig Zeit haben)?

Kunde: **Ich habe schon 3 Bankverbindungen.**
Akquisiteur: Das habe ich bei ... (... der Größe Ihrer Firma; ... Ihrem Tätigkeitsfeld; ... der Bekanntheit von Ihnen) auch nicht anders erwartet. Mein Ziel ist es, Ihnen die AKS-Bank als Ergänzung zu Ihren bisherigen Verbindungen vorzustellen.

Kunde: **Was kostet/bieten Sie dafür ...?**
Akquisiteur: Verstehe ich Sie richtig, daß Sie sich für ... interessieren und aktuellen Bedarf haben? (...) Am Telefon kann ich Ihnen Standardkonditionen nennen. In dem gemeinsamen Gespräch würde ich Ihnen gerne ein maßgeschneidertes Angebot unterbreiten.

Die Formen des aktiven Kreditverkaufs 141

Kunde: **Dafür bin ich nicht zuständig.**
Akquisiteur: Oh, dann habe ich eine Bitte an Sie, Herr Bergemann. Wer ist in Ihrer Firma der richtige Ansprechpartner für Bankkontakte?

Kunde: **Das kann ich nicht allein entscheiden.**
Akquisiteur: Das ist verständlich. Wen möchten Sie noch zu dem Gespräch hinzuziehen?

Kunde: **Warum rufen Sie gerade mich an?**
Akquisiteur: Weil Sie ... (... ein erfolgreiches Unternehmen in ... leiten; ... im Geschäftsgebiet der AKS-Bank wohnen; ... sich mit Ihrer Firma in ... angesiedelt haben; ... nach ... zugezogen sind; usw.) und bisher noch nicht mit unserem Kreditinstitut zusammenarbeiten.

Kunde: **Was haben Sie mir Besonderes zu bieten?**
Akquisiteur: Ich bin sicher, daß Sie bei uns attraktive Leistungen nutzen können. -Was interessiert Sie im Moment am meisten? ... Eher Geldanlagen, eher Finanzierungen oder sonstige Finanzdienstleistungen? ... Dazu möchte ich Ihnen in unserem Gespräch etwas sehr Interessantes zeigen.

Kunde: **Wenn ich Bedarf habe, komme ich auf Sie zu.**
Akquisiteur: Das freut mich. In welchen Bereichen sehen Sie zukünftig Bedarf? ... Wann wird das in etwa sein? ... Wenn Sie mich bis ... (konkreter Terminvorschlag) nicht erreicht haben, gestatten Sie mir bitte, daß ich Sie dann noch einmal anspreche.

Kunde: **Ich habe schlechte Erfahrungen mit Ihrem Haus gemacht.**
Akquisiteur: Das tut mir leid. Wann war das? (...) Das interessiert mich näher. Das kann ein Thema für unser gemeinsames Gespräch werden. Ich werde mich besonders dafür einsetzen, daß Sie die schlechten Erfahrungen vergessen und künftig einen guten Eindruck von der AKS-Bank gewinnen werden.

Kunde: **Sie sind bereits die 4. Bank, die bei mir anruft.**
Akquisiteur: Das zeigt Ihnen, Herr Bergemann, daß Sie ein besonders interessanter Geschäftspartner für Kreditinstitute sind. Als ... (Geschäftsmann, leitender Angestellter, Freiberufler, Landwirt, Kaufmann usw.) werden Sie dadurch sehr gut vergleichen können.

Abb. 22: Einwandbehandlung im Akquisitionstelefonat

Nach den Antworten auf die einzelnen Einwände folgt die Initiative des Akquisiteurs zur Terminvereinbarung. Dabei haben sich einige Grundsätze bewährt:

- Vor dem Akquisitionstelefonat freie Termine festhalten
- Offene Fragen („Wann paßt es Ihnen?") meiden
- Möglichst alternative Termine zur Auswahl anbieten
- Einen exakten (z. B. 10.00 Uhr) und einen weiten (z. B. Ende der Woche) Termin vorschlagen
- Den bevorzugten Termin als zweite Alternative wählen
- Die Terminwünsche mit gefühlsbetonten Formulierungen verbinden
- Die Terminvereinbarung abschließend zur beiderseitigen Kontrolle wiederholen

Das Erstgespräch wird in der Regel bei dem zu gewinnenden Kunden stattfinden. So läßt sich das private bzw. geschäftliche Umfeld recht gut erfassen; zudem macht es sich am Ende des Gesprächs gut, eine Gegeneinladung in die Bank oder Sparkasse auszusprechen.

Nach der Terminvereinbarung folgt im Telefonleitfaden die Grobbedarfsermittlung. An weniger verkaufsorientierte Bank- und Sparkassenmitarbeiter stellt diese Vorgehensweise hohe Anforderungen: Sie verstehen nicht, daß ein Verkäufer, der einen Terminwunsch an einen Noch-Nichtkunden richtet auch noch nach dessen Bedarf an Bankleistungen fragt („Was interessiert Sie im Moment am meisten: Eher ...?").

Gerade die Grobbedarfsermittlung sichert den Akquisiteur gegen unangenehme Überraschungen im Akquisitionsgespräch ab. Ohne Bedarfsermittlung wird es sehr wahrscheinlich, daß der potentielle Kunde den Akquisiteur mit Spezialwünschen und -fragen konfrontiert. Nach der Grobbedarfsermittlung kann der Akquisiteur frei entscheiden. Er kann einen Kollegen für die Spezialthemen hinzuziehen oder sich selbst vor dem Besuch kundig machen.

Bei absolutem Desinteresse – spätestens nach dem dritten deutlichen Einwand – steigt der geübte Akquisiteur elegant aus dem Telefonat aus. Er sollte jeglichen Hochdruck vermeiden; bei Kundenaussagen wie

- „Verstehen Sie endlich. Ich möchte mich mit Ihnen nicht unterhalten."

ist der elegante Ausstieg aus dem Telefonat kaum mehr möglich. Deshalb noch einmal: Der rechtzeitige Ausstieg ist Sache des Akquisiteurs und nicht die des angerufenen potentiellen Kunden. Einige Formulierungsvorschläge für den Ausstieg aus einem Akquisitionstelefonat zeigt Ihnen die Abbildung 22.

Formulierungsvorschläge für den Akquisiteur:

1. Schritt: Kontrollfrage stellen

> Grundsatz: Nach dem 3. deutlichen Widerstand Initiative zum Ausstieg ergreifen!

Weg 1: „Habe ich Sie richtig verstanden, daß Sie im Moment an einem solchen Gespräch nicht interessiert sind?"
Weg 2: „Ich habe im Moment den Eindruck gewonnen, daß Sie an einem ersten Gespräch weniger interessiert sind?"
Weg 3: „Sie klingen sehr zurückhaltend. Heißt das, daß Sie an dem vorgeschlagenen Gespräch zur Zeit kein Interesse haben?"

2. Schritt: Reaktion auf „Nein" (Interesse vorhanden)

> Grundsatz: Sichern Sie schnell den Termin!

Weg 1: „Dann sollten wir gleich einen passenden Termin vereinbaren ..." (Fortsetzung wie im Telefonleitfaden – siehe Abbildung 21)
Weg 2: „Gut, dann sind Sie an dem Gespräch interessiert. Wie wollen wir da verbleiben? – Ich schlage Ihnen vor, daß wir uns am ... oder am ... treffen?" (Fortsetzung wie im Telefonleitfaden)

3. Schritt: Reaktion auf „Ja" (Kein Interesse)

> Grundsatz: Behalten Sie die Initiative für die Zeit nach dem Akquisitionstelefonat!

Weg 1: „Dann schlage ich Ihnen vor, daß ich Sie bei einem aktuellen Anlaß, zum Beispiel einer besonders günstigen Finanzierung, wieder einmal anspreche."
Weg 2: „Wir veranstalten für wichtige Kunden und Interessenten in unregelmäßigen Abständen Informationsveranstaltungen zu aktuellen Themen rund um Finanzierungen und Geldanlagen. Dazu würde ich Sie gerne einmal persönlich einladen."
Weg 3: „Die AKS-Bank informiert wichtige Kunden und Interessenten regelmäßig über ... (Konjunktur, Wirtschaft, Außenhandel, Wertpa-

> piere, Zinsen usw.). Ich werde Ihnen künftig unverbindlich diese Informationen zuschicken."
>
> **Weg 4:** „Ich schicke Ihnen in den nächsten Tagen eine Übersicht über die Leistungen der AKS-Bank und lege Ihnen meine Visitenkarte bei" (als Aufhänger für ein weiteres Telefonat, um künftiges Interesse zu überprüfen).

4. Schritt: Freundliche Verabschiedung

> Grundsatz: Nicht gekränkt verabschieden; Optimismus ausstrahlen!
>
> **Weg 1:** „Ich danke Ihnen für das Gespräch. Bitte sprechen Sie mich künftig an, wenn Sie Informationen zu Finanzdienstleistungen wünschen. Ich würde mich sehr darüber freuen. – Auf Wiederhören, Herr Bergemann."
>
> **Weg 2:** „Vielen Dank für das Gespräch. Ich würde mich freuen, wenn wir künftig weiter Kontakt haben werden. Auf Wiedersehen, Herr Bergemann."
>
> **Weg 3:** „Herr Bergemann, vielen Dank für das offene Gespräch. Gerne würde ich Sie künftig mit Finanzdienstleistungen unterstützen. Bitte sprechen Sie mich bei Bedarf an. – Auf Wiederhören."
>
> **Weg 4:** – Absolutes „Nein" (auch beim 3. Schritt) – „Danke für Ihre offenen Aussagen. Das werde ich natürlich respektieren. – Vielen Dank für das Gespräch, auf Wiedersehen, Herr Bergemann."

Abb. 23: Ausstiegsformulierungen – Akquisitionstelefonat

Die Vorschläge zum Ausstieg richten sich nach einem Ziel: Der Akquisiteur soll Aufhänger für weitere telefonische Kontakte zu seinen potentiellen Kunden erhalten. Die Bitte um regelmäßige Zusendung von Informationen oder den Anruf bei aktuellem Anlaß wird kaum ein Gesprächspartner ablehnen. Zuvor hat er ja schon eine „große" Ablehnung zur Terminbitte ausgesprochen; deshalb ist die „kleine" Zusage die Norm. Damit erzielt der Akquisiteur selbst bei der Absage noch einen Teilerfolg.

Lassen Sie sich einen attraktiven Aufhänger für Ihre Nachfaßtelefonate einfallen. Das könnten beispielsweise neue Finanzierungsformen, aktuelle Förderungsmittel, eine Sondertranche Finanzierungsmittel Ihres Kreditinstitutes oder ähnliches sein. Das Nachfaßtelefonat zielt ebenfalls auf eine Terminvereinbarung für ein Akquisitionsgespräch und nicht unbedingt auf einen sofortigen Geschäftsabschluß. Auf deutliche ablehnende Signale sollten Sie auch hier nicht aufdringlich reagieren. Überredungskünste sind bei Akquisitionsbemühungen immer fehl am Platze.

Aufhänger für Nachfaßaktionen:

- Kopie eines aktuellen Fachzeitschriftenartikels
- Hinweise auf neue Fachbücher (Themenkreise: Management, Branche, Vertrieb usw.)
- Hinweise auf Neuerungen (gesetzliche Regelungen rund um Finanzdienstleistungen)
- Branchen- und volkswirtschaftliche Kennziffern
- Hinweise auf interessante Marktforschungsergebnisse (aktuelle Studien, Trends usw.) und neue Prognosen
- Neue Bankleistungen
- Erweiterte Leistungsfähigkeit des Kreditinstitutes (z. B. zusätzliche Verbund- und Kooperationspartner)
- Neue (auch: neu aufgelegte) Broschüren und Ratgeber (z. B. Einkommensteuer, Existenzgründungen, Einführungen in bestimmte Bankgeschäfte)
- Persönliche Einladungen zu Veranstaltungen des Kreditinstitutes (Ausstellungen, Informationsveranstaltungen, gesponserte Veranstaltungen)
- Aktuelle Angebots-/Leistungsübersicht des Kreditinstitutes
- Aktuelle Finanzierungskonditionen (standardisiertes Geschäft)

Abbildung 24: Auswahl an Aufhängern für schriftliche Nachfaßaktivitäten

Einige potentielle Kunden schließen eine Zusammenarbeit mit Ihrer Bank oder Sparkasse schon am Telefon aus unterschiedlichsten Gründen kategorisch aus. Akzeptieren Sie solche Haltungen (siehe Abbildung 22: 4. Schritt, Weg 4); Sie erwarten das sicher auch von Anrufern in der umgedrehten Situation, wenn Sie das Ziel von Akquisitionsanstrengungen sind. Mit einem Gruß und einem Dank für die offene Aussage Ihres Gesprächspartners können Sie freundlich und ohne Gesichtsverlust das Akquisitionstelefonat oder ein Nachfaßtelefonat beenden.

Die Pflege der nicht erfolgreichen Akquisitionsadressen erfolgt nach dem Motto „Steter Tropfen höhlt den Stein". Neben den Nachfaßtelefonaten bieten sich schriftliche Informationen an den potentiellen Kunden als Erinnerung an (Abbildung 23).

Schicken Sie den potentiellen Kunden das Informationsmaterial zu. Werten Sie die Informationen mit Ihrer beigefügten Visitenkarte sowie einem persönlichen Hinweis mit handschriftlichem Gruß auf. Versehen Sie Titelseiten von Prospekten und Broschüren beispielsweise mit der handschriftlichen Notiz:

„Sehr geehrter Herr ...,

beachten Sie bitte Seite ... besonders genau. Sie finden dort einen wichtigen Hinweis zu ... für Ihre Firma.

Mit freundlichen Grüßen"

Die angesprochene Seite des Informationsmaterials enthält dann – wieder handschriftlich – einen Hinweis für potentielle Kunden:

„Herr ...,

bitte rufen Sie mich unter Tel. 01234/56789 an, wenn Sie die Informationen dieser Seite lesen.

Mit freundlichen Grüßen
Ihr ..."

Diese sehr persönliche Noch-nicht-Kunden-Pflege fällt aus dem üblichen Rahmen. Die Anrufquote ist erfreulich hoch. Wenn Sie jetzt einen besonderen Vorteil – zum Beispiel Finanzierungskostenersparnis, Liquiditätsgewinn oder Steuerersparnis – bieten können, dann haben Sie den Termin für ein Akquisitionsgespräch schnell erreicht.

4.2.4 Das Akquisitionsgespräch

Nach dem erfolgreichen Akquisitionstelefonat folgt mit dem Akquisitionsgespräch der 4. Schritt der klassischen Akquisition, das Akquisitionsgespräch. Es zeigt viele Parallelen zum systematischen Kreditgespräch (Kapitel 3) und weist einige Besonderheiten auf. In diesem Abschnitt lassen wir uns von den wichtigsten Zielen des Akquisitionsgespräches leiten:

1. Vorstellung des Akquisiteurs
2. Präsentation des Kreditinstitutes
3. Kennenlernen des Kunden und Analyse seiner Wünsche
4. Bei Bedarf: Verkauf von Bankleistungen
5. Sicherung des Kontaktes

Die Ausführungen zum Akquisitionsgespräch ergänzen die Hinweise zum oben dargestellten systematischen Kreditgespräch. Die Anforderungen eines Gespräches zur Kundengewinnung sind wesentlich höher: Selbstsicherheit, Kommunikationsfreude und -fähigkeiten, Erfahrung und Fachwissen sowie Allgemeinbildung sind gefordert. Der starke Glaube an den Erfolg und eine hohe Frustrationsschwelle erleichtern die Akquisitionsaktivitäten.

Vor dem eigentlichen Akquisitionsgespräch ist eine umfassende Gesprächsvorbereitung eine wichtige Voraussetzung für Akquisitionserfolge. Abbildung 24 enthält eine umfangreiche Liste zur individuellen Gesprächsvorbereitung.

Nutzen Sie die unterschiedlichsten Informationsquellen in der Vorbereitungsphase: Sprechen Sie mit Kollegen, hören Sie sich um, gehen Sie auf Kunden zu – natürlich diskret. Nutzen Sie besonders die öffentlich zugänglichen Quellen: Handbücher, Branchendienste, Verbände, öffentliche Stellen, Gedrucktes (Presse, Werbung, Broschüren, Prospekte) usw. Seien Sie sich trotz sorgfältigster Vorbereitung bewußt, daß jedes Akquisitionsgespräch noch Überraschungen enthalten kann: Die wirtschaftliche Situation des Top-Unternehmens hat sich rapide verschlechtert, oder der Geschäftsführer ist ausgeschieden, und der Nachfolger ist Ihr Gesprächspartner, oder der potentielle Kunde hat bessere Informationen über Sie und Ihr Kreditinstitut (z. B. von seinen Geschäftspartnern) als Sie über ihn.

1. Wer ist mein Gesprächspartner/potentieller Kunde? Vorname, Name, Anschrift, Telefon, Rechtsform, Gesellschafter, Daten des Unternehmens, Konzernzugehörigkeit, Beschäftigungszahl, Umsätze, Investitionen, Geschäftsverbindungen, ...

2. Welche Branche? Mit welchen Branchen verflochten? Daten allgemein, Struktur, künftige Entwicklungen, Besonderheiten, Messen, Ausstellungen, werbliche Aktivitäten, ...

3. Bestehende Bankverbindungen? Hausbank?

4. Gesprächspartner und zuständiger Mitarbeiter? Persönliche Daten, Telefondurchwahl, günstige Besuchszeiten, Vertreter, ...

5. Welche Informationen sind vom Gesprächspartner notwendig?

6. Welche Unterlagen muß ich mitnehmen?

148   Die Formen des aktiven Kreditverkaufs

> 7. Mit welchen Störungen muß ich rechnen?
> 8. Wie ist die Situation des Gesprächspartners? Abhängigkeit, interessiert, unter Druck, selbständig, ...
> 9. Welche Taktik könnte der Partner anwenden?
> 10. Welche Ziele und Unterziele habe ich?
> 11. Wie kann das Gespräch eröffnet werden?
> 12. Was könnte den Gesprächspartner besonders interessieren?
> 13. Was kann ich anbieten/vorstellen?
> 14. Wo sind meine Stärken und meine Schwächen (Angebot)?
> 15. Welche Konditionen kann ich minimal und maximal anbieten?
> 16. Welche Einwände sind von meinem Gesprächspartner im einzelnen zu erwarten? Antworten auf die Einwände vorbereiten
> 17. Welche Schwierigkeiten könnte der Gesprächspartner sehen?
> 18. Welche Vorteile könnte mein Gesprächspartner durch meinen Vorschlag/Angebot im einzelnen haben?
> 19. Welche Alternativen habe ich zu dem Angebot?
> 20. Welche Zusatzleistungen kann ich dem Gesprächspartner bieten?

Quelle: Geyer, Günther: Das Beratungs- und Verkaufsgespräch in Banken – Bankleistungen erfolgreich verkaufen; 5. Auflage, Wiesbaden 1993

Abb. 25: Vorbereitung auf das Akquisitionsgespräch

Vorstellung des Akquisiteurs

In den ersten Augenblicken kann der Erfolg eines Gespräches schon stark beeinflußt werden. Deshalb hat die überzeugende Vorstellung des Akquisiteurs besondere Bedeutung. Der potentielle Kunde sucht eine Antwort auf die Fragen

- „Wer ist das?"
- „Was macht der?"
- „Wie gut ist der?"
- „Was will er von mir?"

Wenn der Akquisiteur früh und klar diese unausgesprochenen Fragen beantwortet, steigen seine Erfolgsaussichten. Orientiert er sich an seinen üblichen Gewohnheiten, reduziert er sehr schnell die Chancen auf den Gesprächserfolg. -Oft stellen sich Bank- und Sparkassenmitarbeiter routiniert aber wenig überzeugend vor:

- „Grüß Gott, Berater, von der AKS-Bank."
- „Berater, guten Tag. Ich bin Kreditsachbearbeiter bei der AKS-Bank in ..."
- „Guten Tag, Berater, AKS-Bank. Ich bin Abteilungsleiter der Firmenkreditabteilung."

Von der persönlichen Vorstellung sollte eine gewisse Faszination ausgehen. Der potentielle Kunde sucht Kontakt zu Erfolgsmenschen und nicht zu einem ganz gewöhnlichen und biederen Gesprächspartner. Dazu zwei Vorschläge:

- „Grüß Gott, Herr Bergemann, mein Name ist Peter Berater von der AKS-Bank in Irgendwo. Ich freue mich, Sie heute persönlich kennenzulernen. (...) Ich leite die Firmenkreditabteilung unserer Bank. Gerne würde ich Sie über unsere Leistungsfähigkeit informieren und Ihnen einige interessante Tips geben."
- „Guten Tag, Herr Bergemann. Schön, daß wir uns jetzt auch persönlich kennenlernen. Mein Name ist Berater, Peter Berater von der AKS-Bank in Irgendwo. (...) Ich berate und betreue Firmenkunden in der ...-Region. Mein Ziel ist es heute ..."

Vermeiden Sie möglichst passive und wenig verkaufsorientierte Formulierungen wie „...bin angestellt", „...bin beschäftigt", „...bin zuständig" oder innenorientierte Bezeichnungen wie „Kreditsachbearbeiter". Aktivität und Dynamik werden weniger von Substantiven als von Verben ausgedrückt; statt „Referent", „Sachbearbeiter" oder „Berater" empfiehlt sich „beraten" und/oder „betreuen" und statt „Abteilungsleiter", „Geschäfts-/Zweigstellenleiter" oder „Abteilungsdirektor" bietet sich das aktive „leiten" oder „führen" kombiniert mit „beraten" und „betreuen" an.

Sagen Sie Ihren potentiellen Kunden in aller Offenheit Ihre Themenwünsche für das Akquisitionsgespräch; zum Beispiel:

- „... Mein Ziel ist es heute, Ihnen mich und die AKS-Bank vorzustellen. Gerne würde ich auch Sie und Ihr Unternehmen näher kennenler-

nen. Dann sollten wir über Möglichkeiten der Zusammenarbeit sprechen. Ich bin sicher, daß es da einige Ansatzpunkte gibt."
Ihre Karten liegen damit offen auf dem Tisch. Ihr Wunschkunde kann sich jetzt erklären. Reagiert er nicht auf Ihre grundsätzlichen Ausführungen, stimmt er Ihren Themenwünschen zu. Schränkt er Ihre Themenvorschläge ein oder erweitert er den Themenkreis, dann wissen Sie schon zu Beginn des Akquisitionsgespräches, was auf Sie zukommen wird.

Präsentation des Kreditinstitutes

Die Präsentation des Kreditinstituts gilt es, kundenorientiert vorzunehmen. Im Mittelpunkt der Präsentation steht der potentielle Kunde und nicht Ihr Kreditinstitut. Beschreibende Fakten zu Kreditinstituten wie Bilanzsumme, Mitarbeiterzahl, Standorte, Leistungsschwerpunkte usw. sind für die meisten Kunden eher belanglos.

Merkmale und Eigenschaften von Kreditinstituten werden durch Übersetzungsformulierungen (siehe Abschnitt 2.4) wie „das bedeutet für Sie ...", „das bringt Ihnen ..." oder „das garantiert Ihnen ..." zu wahrnehmbarem Kundennutzen. Dabei sollten Sie vorrangig die wichtigsten Kaufmotive nach der Merkformel „ER SANGS" wie

Präsentationsleitlinie – Beispiel „Fiktive AKS-Bank"	
1. Eigene Vorstellung	„Guten Tag, ... Ich bin sicher, daß es da einige Ansatzpunkte gibt.
2. Plakative Bezeichnung	Die AKS-Bank ist heute eine führende (die führende / eine bekannte / ...) Geschäftsbank (Spezialbank / Universalbank / ...) in ... (der ...-Region).
3. Entwicklung	Das Institut besteht seit ... Die enge Zusammenarbeit mit unseren Kunden hat unsere breite Angebotspalette geprägt.
4. Heutige Darstellung	Die Bilanzsumme von ... zeigt Ihnen das Vertrauen unserer Kunden. Sie finden uns heute in ... Orten mit ... Geschäftsstellen. Das garantiert Ihnen eine schnelle und vor allem bequeme Nutzung von Bankleistungen. Das Kapital unseres Hauses wird von ... gehalten. Damit

	können Sie direkt auf das Know-how von ... zurückgreifen.... Mitarbeiter bieten Ihnen ein Allfinanzangebot von attraktiven Geldanlagen über maßgeschneiderte Finanzierungen bis hin zu allen sonstigen Finanzdienstleistungen.
5. Besondere Leistungen	Die Presse erwähnt immer wieder die Innovationskraft unseres Hauses. So gehört die AKS-Bank zu den Pionieren des ... und ... Unsere Kunden schätzen vor allem die aktive Kundenbetreuung und die schnellen Entscheidungen. Spezialisierte Mitarbeiter prüfen für unsere Kunden ...
6. Zusätzliches	Bundesweit arbeiten wir im ...-Verbund. Das beschleunigt unter anderem den Zahlungsverkehr und kann Ihnen Zinsgewinne sichern. Um Ihnen Wege und Zeit zu ersparen, sind wir Kooperationen mit ... und mit ... eingegangen. Damit können Sie bei der AKS-Bank alle Finanzdienstleistungen aus einer Hand erhalten.
7. Aufforderung	Herr Bergemann, testen Sie die besondere Leistungsfähigkeit der AKS-Bank."

Abb. 26: Präsentationsleitlinie

- E = Ertrag (Gewinnstreben, Rendite, Ersparnis, niedrige Kosten),
- R = Rationalisierung (Bequemlichkeit, Schnelligkeit, Einfachheit),
- S = Sicherheit (Zuverlässigkeit),
- A = Ansehen (Status, Prestige, Image),
- N = Neugierde (Spiellust),
- G = Gesundheit (Ärger ersparen, Streß vermeiden) und
- S = Soziale Fürsorge (Mitgefühl)

ansprechen. Wichtig ist es, motivbezogen die besonderen Leistungen, Erfahrungen, Verbindungen und Partner zu präsentieren. Abbildung 25 gibt Ihnen einen Vorschlag für den Aufbau einer Präsentation im Akquisitionsgespräch.

Am Ende der Präsentation steht im Akquisitionsgespräch immer die Aufforderung zur Aktivität an den potentiellen Kunden:

- „Prüfen Sie unsere besondere Leistungsfähigkeit!",
- „Vergleichen Sie unser Finanzierungsangebot!" oder
- „Testen Sie Beratung, Service und Leistungen!"

Halten Sie die Präsentation bewußt kurz. Reißen Sie die einzelnen Themen nur stichwortartig mit direkter Kundenansprache (Sie-Stil) an. Sprechen Sie nicht zu schnell, damit möglichst aus der monologähnlichen Präsentation ein Dialog wird. Jede Frage des Kunden dokumentiert sein Interesse; die Gesprächssituation dreht sich, der Kunde hat „angebissen".

Kennenlernen des Kunden und seiner Wünsche

Nach der Präsentation der Bank oder Sparkasse steht die Gegeninformation an. Der Akquisiteur benötigt Informationen über den Kunden, dessen Umfeld und vor allem über Möglichkeiten der Zusammenarbeit. In der Begrüßungsphase hat er schon auf diesen Komplex hingewiesen. Jetzt ist eine direkte Initiative angebracht.

Meiden Sie Entschuldigungen oder unterwürfige Erklärungen. Überzeugender sind offen geäußerte Wünsche und nutzenorientierte Begründungen für Detailfragen. Übrigens: Viele potentielle Kunden – vor allem Unternehmer – sind stolz auf ihre Leistungen und deshalb sehr informationsfreudig. Einige Beispiele zum Drehen des Akquisitionsgespräches:

- „Herr Bergemann, bitte geben Sie mir einige Informationen über Ihr Unternehmen, damit ich Ihnen anschließend einige interessante Möglichkeiten der Zusammenarbeit aufzeigen kann."
- „Herr Bergemann, nachdem ich Sie kurz über die AKS-Bank informiert habe, bitte ich Sie um einen Überblick über Ihre Hausbau-GmbH. Anschließend können wir interessante Möglichkeiten der Zusammenarbeit prüfen."
- „Damit wir nicht beim Allgemeinen bleiben, Herr Bergemann, informieren Sie mich bitte noch etwas über Ihre Firma. Sagen Sie mir bitte auch, wo Sie zur Zeit am ehesten Möglichkeiten der Zusammenarbeit sehen."
- „... sagen Sie mir bitte, wo Sie im Moment aktuellen Bedarf an Finanzierungsleistungen (Bankleistungen) haben?"

Lassen Sie Ihren künftigen Kunden reden. Unterbrechen Sie möglichst nicht; stellen Sie vertiefende aber nicht bohrende Fragen. Greifen Sie die Interessen oder den Bedarf des Gesprächspartners auf. Sollte das Interesse von Ihnen nicht befriedigt werden können, stellen Sie es auf ein späteres Gespräch unter Hinzuziehung eines Spezialisten Ihres Hauses zurück. Nicht immer signalisiert der Kunde Interesse oder Bedarf. Dann sollten Sie zumindest einen Versuch der Aktivierung wagen. Stellen Sie eine bedarfsermittelnde aktivierende Frage:

Allgemein: „Herr Bergemann, was interessiert Sie im Moment am meisten: eher Geldanlagen, eher Finanzierungen oder sonstige Finanzdienstleistungen?"

„Herr Bergemann, wo werden Sie in nächster Zeit am ehesten Bedarf an Bankleistungen haben: eher bei Geldanlagen, eher bei Finanzierungen oder eher bei sonstigen Finanzdienstleistungen?"

Speziell: „Herr Bergemann, im Moment sind . . Finanzierungen besonders interessant, weil ... Darf ich Ihnen das Angebot der AKS-Bank dazu einmal erläutern?"

„Herr Bergemann, welche Finanzierungsangebote interessieren Sie zur Zeit am meisten: eher kurzfristige oder langfristige Finanzierungen oder eher alternative Finanzierungsformen?"

Am Ende der Kennenlern- und Analysephase des Akquisitionsgespräches – ähnlich wie im systematischen Kreditgespräch mit Kunden – fassen Sie am besten noch einmal die Kernpunkte des Kundenwunsches zusammen. Bei Erfolg gehen Sie den nächsten Schritt, den Verkauf von Bankleistungen; bei Mißerfolg, das heißt der Kunde hat kein konkretes Interesse, springen Sie zum übernächsten Schritt, der Kontaktsicherung.

Bei Bedarf: Verkauf von Bankleistungen

Drängen Sie nur bei klaren Bedarfszeichen Ihrer Wunschkunden auf einen Geschäftsabschluß. Das Regelergebnis eines Akquisitionsgespräches wird die Kontaktsicherung und nicht der Verkauf einer Finanzierung oder einer sonstigen Bankdienstleistung sein.

Sollte der angesprochene Kunde sich konkret für eine Finanzierung interessieren, werden in der Regel weitere Kontakte vor einem Finanzierungsvertrag stehen. Es gilt, die Einkommens- und Vermögensunterlagen zu sichten, es gilt, die Sicherheiten abzusprechen und auf ihre Werthaltigkeit zu prüfen. Auch der Kunde wird eher abwartend in das Erstgespräch gehen.

Dennoch kann es ein Abschlußziel für den Akquisiteur, insbesondere den Kreditakquisiteur geben:

 Wenn ein Abschluß möglich erscheint, sollte der Akquisiteur mindestens eine Kundenunterschrift einholen.

Dazu bietet sich die Eröffnung eines Zahlungsverkehrskontos an; bei Kunden, die absolute Bonität genießen, bietet sich das zusätzliche Angebot eines Kreditrahmens an. Der Ablauf eines solchen Akquisitionsgespräches entspricht dann dem eines systematischen Kreditgesprächs:

1. Vorstellung/Präsentation/Kennenlernen
2. Bedarfsermittlung
3. Kundenspezifisches Angebot
4. Abschluß
5. Initiative zum Zusatzverkauf

Das Abschlußverhalten und die Initiativen zum Zusatzverkauf entsprechen einer Gratwanderung; auf der einen Seite die Gefahr des zu direkten und verkaufsorientierten Verhaltens und auf der anderen Seite die Gefahr des zu laschen und zu zurückhaltenden Verhaltens. Achten Sie auf die Reaktionen des Neukunden. Gehen Sie zielstrebig vor und beobachten Sie vor allem die Körpersprache. Bei deutlichen negativen Reaktionen auf Verkaufsinitiativen muß die Sicherung des Kontaktes Vorrang vor einem schnellen Abschluß oder gar Zusatzverkauf haben. Zu viel Verkaufsdruck ist eine schlechte Basis für beiderseitig befriedigende Geschäfte.

Sicherung des Kontaktes

Um den Kontakt zu dem Neukunden zu halten, sind konkrete Vereinbarungen zu treffen. Dies sind meßbare Verkaufsabschlüsse mit deren Nachfolgekontakten und überprüfbare Verfahrensabschlüsse. Eine Kontoeröffnung und eine sofortige Finanzierung sind sehr ehrgeizige Abschlußziele, die nicht immer erreicht werden können.

Materiell weniger wertvoll, für die Kontaktsicherung allerdings notwendig, sind Vereinbarungen über das Zuschicken von Informationen, Vermittlung von Kollegen wie Spezialisten anderer Geschäftsgebiete, Einladung zu Veranstaltungen oder sonstige künftige Kontakte. Selbst die Vereinbarung, eine Leistungsübersicht („Alle Angebote von A bis Z") oder den neuesten Geschäftsbericht zu übersenden, kann wichtig sein.

Die Gegeneinladung zum Besuch des Kreditinstituts gehört neben dem Dank für den Empfang und der Freude über das persönliche Kennenlernen zur Akquisiteurspflicht. Nach dem Akquisitionsgespräch sind ausführliche Notizen angebracht:

- Wichtige Beobachtungen beim Kunden
- Informationen zum Umfeld, Ablauf
- Besonderheiten der Gesprächspartner
- Persönliche Informationen
- Geschäftliche Informationen
- Künftiger Bedarf
- Bisherige Geschäftspartner und deren Besonderheiten
- Besondere Interessen, Vorlieben, Abneigungen, Einstellungen
- Künftige Aktivitäten und Veränderungen
- usw.

Sichern Sie diese wertvollen Hinweise – für künftige Geschäfte – möglichst durch sofortige Diktate. Das zeitlich verzögerte Festhalten von Informationen aus Akquisitionsgesprächen führt mit großer Sicherheit zu Informationsverlusten .

4.2.5 Die Pflege potentieller Kreditkunden

Wenige Tage nach dem Akquisitionsgespräch erhält der – hoffentlich! – neue Finanzierungskunde einen Bestätigungsbrief. Die Kerninhalte:

- Dank für das Gespräch
- Bestätigung der einzelnen Vereinbarungen
- Freude auf künftige Zusammenarbeit
- Zusicherung von sorgfältiger Leistungserbringung und
- Gegeneinladung zum Besuch des Kreditinstitutes

Auch wenn wenig konkrete Ergebnisse im Akquisitionsgespräch erreicht wurden, sollten Sie mehrere Vereinbarungen mit dem Brief bestätigen können. Dabei hat sich eine einfache Taktik bewährt: Kündigen Sie schon im Gespräch die eine oder andere Unterlage an, die Sie im Gespräch nicht aushändigen und erst einige Tage später parallel zu dem Brief schicken.

156 Die Formen des aktiven Kreditverkaufs

Abbildung 26 gibt ein Beispiel für einen Bestätigungsbrief nach einem Akquisitionsgespräch.

Der Bestätigungsbrief wird den guten Eindruck des Akquisitionsgesprächs verstärken. Seine wichtigste Funktion liegt allerdings auf einem anderen Gebiet: Er soll den potentiellen Kunden bei aktuellem Leistungsbedarf an Ihr Kreditinstitut erinnern.

Beispiel eines Bestätigungsbriefes – Geschäftskunde

Herrn Geschäftsführer
Hans-Joachim Bergemann
Bergemann-Hausbau GmbH
Industriestraße 25   28. März 1999
                                      Tel. 01234/56789
99999 Irgendwo 1   Peter Berater

Sehr geehrter Herr Bergemann,

vielen Dank für den freundlichen Empfang und das angenehme Gespräch mit Ihnen und Herrn Meister. Sie erhalten in den nächsten Tagen die mit Ihnen vereinbarten Unterlagen:

– einen Finanzierungsvorschlag für Ihr Objekt „Paradiesgarten",
– die Informationsschrift „Einkommensteuer 1999" und
– einen aktuellen Geschäftsbericht der AKS-Bank.

Eine Zusammenarbeit mit Ihnen und Ihrer Firma würde mich sehr freuen. Ich sichere Ihnen schon heute eine umfassende Beratung, sorgfältige Leistungserstellung und Betreuung zu.

Zu einem Besuch in unserem Hause lade ich Sie noch einmal herzlich ein.

Mit freundlichen Grüßen

Allgemeine Kredit- und
Sparkassenbank AG

Schröder   Berater

Abb. 27: Bestätigungsbrief nach einem Akquisitionsgespräch

Der Akquisitionsbrief wird mit hoher Wahrscheinlichkeit weggeworfen. Der Bestätigungsbrief hat dagegen weniger Werbecharakter und wird als Geschäftsbrief wahrgenommen. Da Geschäftsbriefe aufbewahrt werden, wird das Bestätigungsschreiben in einem Ordner unter Bankverbindungen abgelegt. Bei künftiger Leistungsnachfrage gehört dann auch Ihr Kreditinstitut zu den angesprochenen potentiellen Geschäftspartnern.

Die wenigsten Akquisitionsgespräche werden zu schnellen Geschäftsabschlüssen führen. Der Erfolg der Akquisitionsbemühungen zeigt sich erst über längere Zeiträume. Erfahrene Firmenkundenbetreuer berichten von persönlichen Erfahrungen wie der 3er-Regel: Das erste Drittel potentieller Kunden schließt in den ersten beiden Jahren, das zweite Drittel in den folgenden beiden Jahren nach dem Akquisitionsgespräch und das letzte Drittel nie ab. Zahlen, die Sie sicher zu einem längeren Atem bewegen.

Füllen Sie die langen Jahre zwischen dem Erstgespräch und dem Erstgeschäft durch regelmäßige Kontakte mit Ihren Wunschkunden. Eine einmalige Akquisitionsbemühung um einen potentiellen Kunden ist verkäuferisch sinnlos; in vielen Fällen ist ein einmaliger Akquisitionskontakt für künftige Aktivitäten sogar eine Belastung. Er verunsichert sowohl den Kunden als auch den Bank- oder Sparkassenmitarbeiter.

Die Forderung nach regelmäßigen Kontakten zu den nach den Schritten der klassischen Akquisition Angesprochenen reduziert automatisch das Volumen der zu bearbeitenden Adressen. Weniger ist hier sicher mehr und damit erfolgversprechender: Wenn Sie als Finanzierungsberater jährlich rund 25 neue Adressen in Ihre Akquisitionsbemühungen einfließen lassen, dürfte nach einigen Jahren damit Ihre Kapazität ausgelastet sein. Reine Firmenkundenakquisiteure können natürlich ein entsprechend größeres Volumen abdecken. Sie geben dann den neu akquirierten Kunden an einen Fachkollegen ab.

Die Liste Ihrer potentiellen Kreditkunden wird nicht nur aus Akquisitionsaktionen gespeist. Anfragen von Nichtkunden sind eine zweite wichtige Quelle. In unregelmäßigen Abständen erhalten Sie Finanzierungsanfragen über Vermittler oder direkt von Firmen und Privatpersonen mit Finanzierungswünschen. Auch wenn diese Anfragen zu keinem Geschäftserfolg führen, sollten solche Kontakte gepflegt werden. Eine Interessentendatei (Karteikasten oder EDV-Liste) müßte eigentlich jeder verkaufsorientierte Finanzierungsberater führen. Sie stellt eine zusätzliche

Verkaufschance dar, die durch die Pflege dieser Adressen noch gesteigert werden kann.

Wie reagieren Sie auf eine Finanzierungs-/Konditionenanfrage? – Sie werden dabei in einem harten Wettbewerb stehen. Oft werden über ein Dutzend Kreditinstitute angeschrieben. Es gibt viele Verlierer und nur einen Sieger. Tun Sie deshalb alles, um sich von Ihren Mitbewerbern zu unterscheiden. Ein sicherer Weg, zu den Verlierern zu gehören, ist die schriftliche Beantwortung, vor allem ohne zusätzliche Anstrengungen. Ihr schriftliches Angebot wird in der Verhandlung mit der Hausbank als Druckmittel genutzt.

Der bessere Weg bei Finanzierungs-/Konditionenanfragen: Suchen Sie den telefonischen Kontakt zu dem Anfragenden. Unterstellen Sie, daß der Interessent eine Akquisitionsadresse ist, und gehen Sie jetzt wie bei der klassischen Akquisition vor. Sie führen ein abgewandeltes Akquisitionstelefonat. Ihr Ziel ist es, den anfragenden Nichtkunden zu einem Gesprächstermin zu bewegen. Der weitere Ablauf wurde oben ausführlich beschrieben.

Akzeptiert der Anfrager den Terminvorschlag nicht, dann entscheiden Sie über den Verbleib der Adresse: Entweder fällt sie unter den Tisch (Sie sind nicht interessiert; der Anfrager macht deutlich, daß er nicht interessiert ist) oder sie wird in die Sammlung potentieller Kreditkunden aufgenommen (Sie sehen Chancen; der Anfrager wünscht künftig Informationen oder ähnliches).

Was heißt Pflege potentieller Kunden im engeren Sinne? – Legen Sie Kontaktintervalle zu diesen Wunschkunden fest. Anschließend ordnen Sie jedem Kontakttermin eine konkrete Betreuungsaktivität zu. Achten Sie dabei auf wahrscheinliches Kundeninteresse, auf den wahrscheinlichen Kundennutzen und Ihre eigenen Zeit- und Budgetressourcen. Die einzelnen Aufhänger haben Sie in diesem Buch schon im Abschnitt 4.2.3 kennengelernt.

Erfolgreiche Akquisiteure haben Stehvermögen. Sie halten die festgelegten Kontaktintervalle ein und scheuen sich nicht, auch ein viertes oder fünftes Mal, den gleichen potentiellen Kunden anzusprechen. Mit jedem zusätzlichen Service, jeder persönlichen Einladung, jeder weiteren nutzenbringenden Information, jedem neuen Kontakt wird die „Verpflichtung" des angesprochenen Nichtkunden größer.

Es ist ein großer Zufall, wenn der erste Kontakt sofort zu einem großen Geschäftsabschluß führt. Der Einstieg in eine neue Geschäftsverbindung ist klassischerweise eine Nebenbankverbindung. Hier testet der Kunde die Leistungsfähigkeit der Bank oder der Sparkasse, und das Kreditinstitut checkt den neuen Kunden auf Geschäftsmöglichkeiten ab. Aus der Nebenbankverbindung kann dann sukzessive eine Hauptbankverbindung wachsen. Voraussetzung: Sie bleiben am Ball und suchen ständig den Kontakt zu dem neuen Kunden.

Verzeichnis der Abbildungen

Abbildung 1:	Der aktuelle Finanzierungsmarkt und seine Bedeutung für den Finanzierungsberater	13
Abbildung 2:	Mittlerfunktion Angebot – Kunde	14
Abbildung 3:	Mittlerfunktion Kunde – Angebot	14
Abbildung 4:	Geschäftspartnerschaft zwischen Kreditinstitut und Kreditkunde	15
Abbildung 5:	Ein- und Zwei-Wege-Kommunikation	21
Abbildung 6:	Gesprächsstörer	23
Abbildung 7:	Formen des aktivierenden Zuhörens	32
Abbildung 8:	Frageformen	40
Abbildung 9:	Sprachstile	42
Abbildung 10:	Nichtsprachliche Belohnungen und Bestrafungen	45
Abbildung 11:	Zentrale Fragen zur Bedarfsermittlung	55
Abbildung 12:	Angebotserläuterungen	58
Abbildung 13:	Zustimmungsformen	67
Abbildung 14:	Wege der Einwandbeantwortung	73
Abbildung 15:	Der Zusatzverkauf im systematischen Kreditgespräch	111
Abbildung 16:	Brief an einen ehemaligen Finanzierungskunden	120
Abbildung 17:	Erfolgswahrscheinlichkeiten unterschiedlicher Akquisitionsadressen	126
Abbildung 18:	Adressengewinnung	129
Abbildung 19:	Akquisitionsbrief – Geschäftskunde	131
Abbildung 20:	Akquisitionsbrief – Privatkunde	133
Abbildung 21:	Telefonleitfaden – Akquisitionstelefonat	137
Abbildung 22:	Einwandbehandlung im Akquisitionstelefonat	141
Abbildung 23:	Ausstiegsformulierungen – Akquisitionstelefonat	144
Abbildung 24:	Auswahl an Aufhängern für schriftliche Nachfaßaktivitäten	145
Abbildung 25:	Vorbereitung auf das Akquisitionsgespräch	148
Abbildung 26:	Präsentationsleitlinie	151
Abbildung 27:	Bestätigungsbrief nach einem Akquisitionsgespräch	156

Literaturverzeichnis

Boie, Gerhard / Karlowski, Günther / Schulze, Werner	Beraten und Verkaufen am Telefon, Stuttgart 1987.
Burkhardt, Helmut	So oder so? – Ein Leitfaden für gute Umgangsformen im Kreditgewerbe, München 1987.
Congena (Hrsg.)	Bank-Entwicklung – Strategien für die Bank der Zukunft, Wiesbaden 1986.
Detroy, Erich-N.	Wie man mit Brief, Telefon und Erstbesuch neue Kunden systematisch und dauerhaft gewinnt, 2. Auflage Zürich 1984.
Gebert, Diether/ Steinkamp, Thomas / Wendler, Erwin	Führungsstil und Absatzerfolg in Kreditinstituten, Wiesbaden/Stuttgart 1987.
Geyer, Günther	Das Beratungs- und Verkaufsgespräch in Banken – Bankleistungen erfolgreich verkaufen, 5. Auflage, Wiesbaden 1993.
Geyer, Günther	Verkaufs-Training – Ohne systematische Vor- und Nachbereitung kein Erfolg, in: Marketing-Journal 5/1988.
Geyer, Günther	Der Kreditverkauf: Neun gefährliche Thesen, in: Kreditpraxis 4/1987.
Geyer, Günther	So gehen Sie am besten mit säumigen Kreditnehmern um, in: Kreditpraxis 6/1986.
Geyer, Günther	Telefontraining in Banken – Finanzdienstleistungen erfolgreich verkaufen, 3. Auflage, Wiesbaden 1994.
Geyer, Günther/ Ronzal, Wolfgang	Führen und Verkaufen in der Zweigstelle – 100 Erfolgstips für Kreditinstitute, Wiesbaden 1988.
Geyer, Güther/Ronzal, Wolfgang	Führen und Verkaufen in der Zweigstelle – Band 2: Weitere 100 Erfolgstips für Kreditinstitute, Wiesbaden 1992
Herrlich, Erich/ Mayländer, Rudolf	Bankdienstleistungen kundenorientiert verkaufen, Wiesbaden 1991
Holzheu, Harry	Souverän verhandeln, Hamburg 1986.
Kulich, Claus	Bankdienstleistungen erfolgreich verkaufen, Grafenau 1982.

NAA – Nürnberger Akademie für Absatz (Hrsg.)	Erfolgreicher Führen & Verkaufen in der Zweigstelle – Monatlicher Informationsdienst für Kreditinstitute, Nürnberg, ab Oktober 1986.
Price, Michael F.	Power Bankers, Vertriebsstrategien erfolgreicher Banken, Wiesbaden 1994
Reisenbichler, Ignaz	Verkaufen in der Bank mit Erfolg, Wien 1986.
Schmoll, Anton	Kreditkultur – Erfolgsfaktor im Kreditgeschäft der Banken, Wien/Wiesbaden 1988.
Stolze, Frank/ Scheel, Holger	Kreditakquisition bei Firmenkunden, Lünen 1988.

Stichwortverzeichnis

A

Ablehnung 95, 114
Abschluß 83 ff
Abschlußerfolg 56
Abschlußformalität 84
Abschlußmethode 83, 86 f
Abschlußverstärker 92
Abschlußwarscheinlichkeit 95
Adressenbeschaffung 126
Adressengewinnung 128 ff
Akquisitionsgespräch 139, 146 ff
Akquisitionstelefonat 132, 134 ff
Akquisitionsbrief 130 ff
Akquisitionstelefonat 128
Alternativfrage 37, 88
Angebotsabgabe 59
Angebotserläuterung 57 f
Aufhänger 122
Äußerungen, verstärkende 33
Aussprache 42
Ausstiegsformulierung 143 f

B

Bedarfsermittlung 53 ff
Begrüßung 51 f
Beratungsanspruch 11
Beschwerden 116
Bestätigungsbrief 155 f
Betonung 42
Betreuungstelefonat 110, 114 f
Bilanzen 97
Bindung, persönliche 102 f
Blickkontakt 45

C

Cross-Selling 110 ff
Cross-Selling-Gedanke 102
Cross-Selling-Impuls 112

D

Demonstration 59 f
Demonstrationsmittel 60 f
Denkanstoß 28
Distanzverhalten 45

E

Echo-Antworten 33
Ein-Weg-Kommunikation 21
Einkommensunterlagen 96 ff
Einmalgeschäft 7
Einwandbeantwortung 63 ff, 73
Einwandbehandlung 139 ff
Entscheidungsfrage 37
Erfolgswarscheinlichkeit 126
Erstgespräch 142
Extensivierung 125 ff

F

Fachsprache 44
Finanzierungsabschluß 123
Finanzierungsangebot 56 ff
Finanzierungsberechnung 60
Finanzierungsfrage 158
Formulareinsatz 6

Formulierung
–, positive 43
–, verständliche 43
Frage
–, offene 35 f, 53
–, geschlossene 36
–, retorische 38
Frageform 40
Fragetechnik 5

G

Gegeneinladung 155
Gegenfrage 39 f
Geschäftsabschluß 153
Geschäftsbrief 16
Gesprächssystematik 56
Gesprächsatmosphäre 39, 51
Gesprächsaufbau 49
Gesprächseröffnung 51 f
Gesprächsförderer 24 ff
Gesprächsnotizen 62
Gesprächssteuerer 31 ff
Gesprächsstörer 22 f
Gesprächsumfeld 31
Gesprächsvorbereitung 50
Gestik 45
Grobbedarfsermittlung 142
Grundlagen-Frage 55

H

Hinderungsfaktoren 94
Hochdruckverkauf 93

I

Ich-Aussagen 29
Informationsfrage 36

Informationsmaterial 146
Innenorientierung 5
Intensivierung 109 ff

J

Ja-aber-Technik 68
Ja-Frage 89

K

Kalkulation 75
Kaufsignal 83 f
–, direktes 84
–, doppeldeutiges 85
–, indirektes 85
Kommunikation
–, nichtsprachliche 45 f
Kommunikationsreiz 41, 46
Konditionenanfrage 158
Konditioneneröffnung 80
Kontaktaufnahme 119, 130 f
Kontaktintervall 158
Kontaktsicherung 102 ff, 153 f
Kontaktthema 52f, 104
Kontrollfrage 39, 68
Konzession 92
Körperhaltung 45
Körpersprache 46
Kreditantrag 6
Kreditentscheidung 9
Kreditgewährung 4
Kreditlinien 122
Kreditspezialist 8
Kreditverkäufer 3
Kreditverwaltung 10
Kreditwürdigkeitsprüfung 3

Stichwortverzeichnis 165

Kreditzins 9
Kundengewinnung 147
Kundenorientierung 14
Kundenunterschrift 154
Kundenwunsch 25

M

Marktdurchdringung 11
Mengen-Frage 55
Mimik 45
Mittlerfunktion 14
Mund-zu-Mund-Propaganda 116

N

Nachbereitung 105 f
Nachfaßaktivität 63, 145
Nachfaßtelefonat 144
Nachwuchsmarkt 125
Nebenbankverbindung 159
Nein-Verkauf 99 ff
Neukundengewinnung 126

P

Plus-Minus-Methode 91
Präsentationsleitlinie 150 f
Preisangabe 74 ff
Preisargumentation 81
Preisaufbesserung 82
Preiseinwand 80
Preisgrenze 80
Preisgrundsatz 77
Preisnennung 77

R

Ratenkredit 122
Realitivierung 29

S

Selbstauskunft 6
Sicherheiten 98
Sprachstil 41 f
Suggestivfrage 38

T

Teilentscheidung 90
Telefonleitfaden 134 ff
Terminvereinbarung 37, 134, 142

U

Übersetzungsformulierung 44, 150
Übersichten 61
Unzufriedenheit 116

V

Verabschiedung 104 f
Vorwandbeantwortung 93 ff

W

Wenn-Dann-Fragesatz 38
Wettbewerb 75
Wiedervorlagedatei 120
Wunsch-Frage 55
Wunschkunden 126

Z

Zeit-Frage 55
Zielgruppe 126
Zuhörereigenschaft 32 f
Zusatzbedarf 118

Zusatzverkauf 109 ff
Zustimmung, bedingte 30
Zustimmungsform 66 f
ZWAR-Formel 69
Zwei-Wege-Kommunikation 21

Autor

Dipl.-Kfm. Günther Geyer, Jahrgang 1951, ist selbständiger Management- und Verkaufstrainer sowie Unternehmensberater. Er leitet das Trainings- und Beratungsteam GEYER & PARTNER in Bensheim/Bergstraße.

Nach dem Studium der Betriebswirtschaftslehre sammelte er Erfahrungen im Kredit- und Wertpapiergeschäft einer überregionalen Geschäftsbank. Über eine erfolgreiche Marketingarbeit wurde er Weiterbildungsleiter in der Kreditwirtschaft. Seit 1980 arbeitet er freiberuflich. Heute gehört er zu den führenden Trainern im deutschsprachigen Raum. Er betreut vor allem Kreditinstitute und Verbände der Kreditwirtschaft von Hamburg über Frankfurt bis nach Wien. Führungs-, Verkaufs- und Mitarbeitertrainings sowie vertriebs- und trainingsorientierte Beratungen gehören zu seinem Leistungsangebot.

Günther Geyer ist gern gesehener Gastredner bei Kongressen, Mitarbeiter- und Kundenveranstaltungen. Er hat eine lange Reihe von Artikeln in Fachzeitschriften veröffentlicht. Seine Fachbücher

- „Das Beratungs- und Verkaufsgespräch in Banken – Bankleistungen erfolgreich verkaufen" (5. Auflage),
- „Telefontraining in Banken – Finanzdienstleistungen erfolgreich verkaufen" (3. Auflage)
- „Führen und Verkaufen in der Zweigstelle – 100 Erfolgstips für Kreditinstitute"
- „Führen und Verkaufen in der Zweigstelle – Band 2: Weitere 100 Erfolgstips für Kreditinstitute"

sind inzwischen zu Standardwerken zum Verkauf von Bankleistungen geworden. Er ist Redakteur des monatlichen Praxisdienstes „Erfolgreicher Führen und Verkaufen in der Zweigstelle – für Filial-, Geschäftsstellen und Zweigstellenleiter von Banken und Sparkassen".

MIX
Papier aus verantwortungsvollen Quellen
Paper from responsible sources
FSC® C105338

If you have any concerns about our products,
you can contact us on
ProductSafety@springernature.com

In case Publisher is established outside the EU,
the EU authorized representative is:
**Springer Nature Customer Service Center GmbH
Europaplatz 3, 69115 Heidelberg, Germany**

Printed by Libri Plureos GmbH
in Hamburg, Germany